W0395279

Hans E. Kehrer

Praktische Verhaltenstherapie bei geistig Behinderten

Hans E. Kehrer

Praktische Verhaltenstherapie bei geistig Behinderten

Ein Leitfaden für Betreuer

verlag modernes lernen - Dortmund

Gesamtherstellung: Löer Druck GmbH, Dortmund

Bestell-Nr. 1464 ISBN 3-8080-0402-9

Inhalt

Einleitung

Die Zahl der geistig retardierten Menschen ist in jeder Bevölkerung ziemlich groß. Es ist hier nicht der Ort, nach den Ursachen zu fragen, die vielfältig sind. Was geschieht aber mit all diesen Menschen? Sie leben als Randgruppe der Bevölkerung und sind und bleiben in unterschiedlichem Maße auf Hilfe ihrer Angehörigen und dazu geeigneter sozialer Einrichtungen angewiesen. Die Kernfrage ist nun: Wie sieht diese Hilfe aus? Seit Jahrhunderten hat man sich daran gewöhnt, die Hilfe fast ausschließlich als leibliches Versorgen und Verwahren zu verstehen. Die erwachsenen geistig Behinderten wurden in den Psychiatrischen Anstalten und Landeskliniken als „Schwachsinnige" z.T. ihr Leben lang verwahrt und waren damit vielfach auch zufrieden. Für das Kindes- und Jugendalter haben Sonderpädagogen interessante und zweifellos wirksame pädagogische Konzepte entwickelt. Das Sonderschulwesen ist in den Kulturländern weit fortgeschritten und viele retardierte Kinder lernen in diesen Einrichtungen Lebenspraktisches und bei geringerer Behinderung sogar die sog. Kulturtechniken: Lesen und Schreiben.

Wenn man jedoch sieht, wie viele geistig Behinderte als Herangewachsene teils in Heimen, teils in Psychiatrischen Kliniken ihr Leben fristen, so überlegt man sich, ob für sie im Kindes- und Jugendalter genug getan worden ist. Hätte man nicht durch intensivere und besser systematisch ausgerichtete Frühförderung, aber auch durch gezieltere Therapie in den früheren Jahren manchen negativen Verläufen vorbeugen können? Sind die verschiedenen Einschränkungen schwer geistig Behinderter wirklich nicht zu beeinflussen? Auch ganz schwer geistig behinderte Menschen sind, natürlich in begrenztem Umfang, lernfähig, wenn man intensiv und gezielt mit ihnen übt.

Solches Üben ist zweifellos ein wichtiger Bestandteil erzieherischer Maßnahmen, sowohl im Elternhaus als auch in den Tagesstätten und Sonderschulen. Seitdem aus lerntheoretischen Konzepten die Verhaltenstherapie oder Verhaltensmodifikation entwickelt wurde, stehen zunächst theoretisch begründete, dann aber für die Praxis entworfene Hilfsmittel zur Verfügung. Die Verhaltenstherapie (V.T.) soll hier nicht als einzig mögliche Behandlungsform gepriesen werden; ihre lerntheoretischen Konzepte stellen jedoch eine Grundlage für viele Vorgehensweisen dar, mit denen man die zahlreichen Probleme geistig behinderter Menschen positiv beeinflussen kann.

Dabei muß man auch im Auge behalten, daß es nicht nur darum geht, intellektuelle Leistungen zu verbessern – ein wichtiges Anliegen der Sonderschulen – sondern daß bei schwerer Retardierten auch ganz primitive Verhaltensweisen wie Nahrungsaufnahme und die Beherrschung der Körperausscheidungen angegangen werden müssen.

Nicht zu vergessen sind auch die unerwünschten Verhaltensweisen – die Verhaltensexzesse – geistig Behinderter wie Unruhe, stereotype Bewegungen und Aggressivität. Um sie positiv zu beeinflussen reichen die üblichen erzieherischen Maßnahmen meist nicht aus.

Im Gegensatz zu normalen Kindern, welche die meisten Verrichtungen des täglichen Lebens, aber auch einen Teil ihres geistigen Repertoires durch Imitieren von den Erwachsenen übernehmen, müssen Retardierte das meiste durch mühsames Einüben lernen. Um dieses Üben wirkungsvoller zu gestalten, bietet die Verhaltensmodifikation viele praktische Hilfen an. Manche von ihnen klingen recht einfach und banal; Eltern und Erzieherinnen sagen, „so haben wir das doch immer gemacht“. Bei genauerem Hinsehen zeigt sich aber, daß manche äußeren Bedingungen nicht erfüllt waren, daß man es an Konsequenz hat fehlen lassen etc.

Die in den nächsten Kapiteln geschilderten verhaltenstherapeutischen Methoden sind die praktische Konsequenz aus lerntheoretischer – behavioristischer – Forschung. Alles geht von dem Grundgedanken aus, daß die meisten Verhaltensweisen, die ein Mensch in seinem Leben braucht, irgendwie gelernt werden müssen. Ebenso sollte auch Negatives, also etwa asoziales oder kriminelles Verhalten verlernt werden. Der Anteil an instinktiv vorgegebenen Handlungsweisen ist beim Menschen, im Gegensatz zum Tier verhältnismäßig gering. Und auch diese instinktiven Handlungen müssen fast alle durch Lernen den sozialen Gegebenheiten angepaßt werden.

Verhaltenstherapeutisch definiertes Vorgehen schließt die meisten heilpädagogischen und manche anderen therapeutischen Maßnahmen nicht aus. Es ist nur zweckmäßig, sie unter dem Gesichtspunkt des Lernens oder Umlernens anzuwenden. Deswegen ist es notwendig, eine Verhaltensanalyse vorzuschalten, bei der man sich klar darüber wird, welche Mängel oder unerwünschte Verhaltensweisen man angehen will und wie das durch die heilpädagogische Maßnahme geschehen könnte. Dabei müssen klare sachliche und zeitliche Ziele gesetzt werden. Wichtig erscheinen mir auch Verlaufskontrollen, damit nicht über viele Monate und sogar Jahre eine Behandlungsform angewandt wird, die kaum eine Veränderung bei dem betreuten geistig Behinderten bewirkt. Hierzu sind die sog. „base lines" der Verhaltenstherapie geeignet. Ist die Therapie zu wenig wirksam, so ist es nötig, sie in irgend einem Punkt oder evtl. auch grundsätzlich zu ändern.

Einflußnahme auf die Intelligenz

In den folgenden Kapiteln geht es darum, für Menschen aller Altersstufen, deren Intelligenz eingeschränkt ist, Hilfsmittel zu beschreiben und zu erklären. Mit Intelligenz sind hier nicht nur das Wissen und die verschiedenen geistigen Fähigkeiten gemeint, sondern mit ihr zusammenhängende Mängel und Rückstände in der gesamten Entwicklung. Dazu gehören z.B. Einschränkungen in der Sprache, in der geschickten Bewegung, in der Selbstversorgung und im Sozialbereich. Dazu kommt eine Reihe von zusätzlichen mehr oder weniger krankhaften Verhaltensweisen wie z.B. überschießende Motorik, Autismus und Selbstbeschädigung.

Die eigentliche Intelligenz läßt sich mit verschiedenen Spezialtests einigermaßen messen. Sie sind z.T. auch dem Schweregrad der geistigen Behinderung angepaßt. Gerade bei den besonders schweren Graden der Behinderung geben die Tests nur ein verhältnismäßig grobes Bild. Es ist aber doch notwendig, sich wenigstens ein einigermaßen korrektes Bild über den Grad der Störung zu machen, u.a. um sich mit anderen Betreuern oder Therapeuten besser verständigen zu können. Tabelle 1 gibt einen Überblick über die Symptomatik in Bezug auf die gemessene Intelligenz.

Mißverständnisse

An dieser Stelle muß noch über Vorurteile oder Mißverständnisse gegenüber der Verhaltenstherapie gesprochen werden. Zu den negativen Vorurteilen gehört die Feststellung, es handele sich „nur" um Dressur und V.T. sei deswegen für die Behandlung von Menschen abzulehnen. Dressurähnliche Maßnahmen gehören auch zu anderen Erziehungsmitteln in der Kindheit und sollten nur dann abgelehnt werden, wenn das mit irgendwie negativen Auswirkungen auf das zu dressierende Lebewesen verbunden ist. Wenn man einen Hund dazu dressiert, daß er stubenrein wird, so wird er dadurch nicht ernsthaft leiden und die Vorteile für das Zusammenleben mit ihm sind erheblich, was sich schließlich auch auf das Leben des Hundes positiv auswirkt.

Die als Dressur bezeichnete Verhaltenstherapie wurde und wird auch deshalb negativ beurteilt, weil – vor allem früher – manchmal Verhaltensweisen konditioniert wurden, in welche die oder der Behandelte keine Einsicht hatten. Bei den modernen V.T.-Methoden legt man größten Wert darauf, daß alles unter kognitivem Aspekt, also mit Einsicht und Verständnis der Behandelten geschieht. Das läßt sich allerdings nur dann verwirklichen, wenn die Einsichtsfähigkeit nicht stärker eingeschränkt ist. Das trifft für ganz kleine Kinder und für manche Retardierte natürlich zu. Hier sollte man aber trotzdem versuchen, soviel Verständnis und Einsicht wie möglich durch einfache

Erklärungen zu erreichen. Grundsätzlich ist Verhaltenstherapie in ihren Praktiken für die Behandelten einfühlbarer und verständlicher als manche anderen Psychotherapieformen.

	Vorschulalter (0-5 Jahre)	**Schulalter (6-18 Jahre)**
leicht (50-69 I.Q.)	Entwickelt, wenn auch verzögert soziale und Kommunikative Fertigkeiten. Diskrete Defizite im Bereich von Wahrnehmung u. Motorik, die oftmals erst spät bemerkt werden	Kann Schulstoff bis etwa zum Niveau der 6. Klasse meistern. Kann weitgehend soziale Anpassung und Eigenständigkeit in der Lebensführung erreichen
mittel (35-49)	Erreicht begrenzte sprachliche und kommunikative Fertigkeiten. Geringe soziale Kompetenz, ausreichende motorische Fähigkeiten. Kann Selbsthilfe (ankleiden, essen, Toilettenverhalten) erlernen. Benötigt einige Betreuung und Aufsicht.	Strukturiertes Üben einfacher sozialer und lebensprakt. Fertigkeiten ist möglich, kann zu einfachen beruflichen Tätigkeiten angelernt werden. Erreicht im schulischen Bereich etwa das Niveau. der 2. Klasse. Begrenzte Eigenständigkeit in ver trauter Umgebung
schwer (20-34)	Stark verzögerte motorische Entwicklung, äußerst spärliche sprachliche und kommunikative Fertigkeiten. Kann im allgemeinen kaum Fertigkeiten zur Selbsthilfe erlernen.Braucht entsprechende Pflege und Betreuung	Erlernt begrenzte sprachliche und lebenspraktische Fertigkeiten sowie elementare Fertigkeiten zur Selbstversorgung (Essen, Körperhygiene). Systematisches Üben einfacher motorischer Handlungsabläufe möglich
schwerst (unter 20)	Schwerste Retardierung mit minimalen Funktionen im Bereich von Wahrnehmung und Motorik. Benötigt intensive Pflege	Einige motorische Fertigkeiten können sich entwickeln. Kann evtl. mini male Fertigkeiten zur Selbsthilfe erlernen. Benötigt umfassende Fürsorge

Tabelle 1: Klassifikation der geistigen Behinderung nach der Intelligenz und adaptivem Verhalten (nach M. von Aster, 1993)

Wenn man gelegentlich hört, Verhaltenstherapie sei für die Einflußnahme auf Verhaltensweisen ungeeignet, weil nur in der Behandlungsstunde und für diese ohne Motivation gelernt werde, so kennen derartige Kritiker die Möglichkeiten der Generalisation nicht und überschätzen den Einfluß von Motivation bei anderen Behandlungsmethoden.

Es sind ja gerade die gut ausgewählten Verstärker, die für den Aufbau von Motivation sorgen. Eine Art von Motiv, das für eine Psychotherapie sonst förderlich ist, ist der Leidensdruck. Er wird bei retardierten Kindern und geistig Behinderten kaum wirksam sein. Leidensdruck ist meist bei den Eltern vorhanden und bildet damit das Motiv, die oder den Retardierten der Behandlung zuzuführen.

Eine Rolle spielt auch die Person des Behandelnden. Freundliches Auftreten, ansprechendes Äußeres und manche unberechenbaren Fakten, die man Sympathie nennt, wirken sich sicherlich auch auf das Gelingen jeder Psychotherapie aus. Deswegen muß auch bei der Durchführung einer Verhaltenstherapie darauf geachtet werden, daß die therapierende Person als solche nicht aversiv, sondern verstärkend auf die Behandlungsmaßnahmen wirkt und daß das ganze Behandlungsklima, die Atmosphäre des Zusammenseins, positiv ist und damit als verstärkender Faktor mitwirkt.

Ganz grundsätzlich ist zu sagen, daß die meisten Kritiker der Verhaltenstherapie über die zahlreichen Möglichkeiten sowohl bei der Verhaltensanalyse als auch bei den verschiedenen Behandlungsmethoden nicht genügend informiert sind. In der Verhaltenstherapie werden bei sachgemäßer Anwendung neben der Beobachtung und Einwirkung auf das Verhalten auch die körperlichen Ursachenfaktoren und die psychischen Kausalzusammenhänge ebenso wie die frühere und jetzige Erlebniswelt berücksichtigt und sollten Bestandteil des Behandlungsplanes sein.

Grundbegriffe (einführende Erklärung)

1. Lerntheorie

Je höher ein Lebewesen entwickelt ist, um so notwendiger ist es für dieses, Handlungen und Verhaltensweisen zu lernen. Bei den weniger entwickelten Tieren steht dagegen der Instinkt im Vordergrund. Es bringt, z.T. auch schwierige Handlungsabläufe mit auf die Welt. Die aus dem Ei geschlüpfte junge Schildkröte „weiß", wohin sie laufen muß, um zum Wasser zu gelangen. Wie und unter welchen Bedingungen der Mensch, d.h. zunächst das Kind lernt, Handlungen auszuführen, durch die er sich in seiner Umwelt zurechtfindet und sich zum erwachsenen und leistungsfähigen Menschen entwickeln kann, ist Gegenstand der Verhaltensforschung und der Lerntheorie.

Die in diesem Buch zu beschreibenden Vorgänge des Lernens wurden in den Dreißigerjahren unseres Jahrhunderts von Psychologen, d.h. Verhaltensforschern (Behavioristen) in den USA entwickelt und stützen sich auf Lernvorgänge, die man beobachten und ohne spekulative Annahmen nachvollziehen kann. Dabei wurden zahlreiche Lerngesetze entwickelt, die im folgenden beschrieben werden.

2. Konditionieren

Unter Konditionierung versteht man den Vorgang des Aufbaus oder Abbaus von Verhalten unter bestimmten vorgegebenen Bedingungen. Die sog. klassische Konditionierung geht auf den russischen Physiologen Pawlow (1849-1936) zurück. Es gelang ihm, durch mehrfache Koppelung eines von ihm erzeugten Reizes (Läuten einer Glocke als unkonditionierten Reiz) einen körpereigenen Reflex, nämlich das Fließen von Magensaft bei Hunden (eine zunächst unkonditionierte Reaktion) zu konditionieren: Jedesmal wenn die Glocke ertönte, floß Magensaft. Auf diese Weise ist es möglich, Verhalten zu verändern.

3. Erfolgslernen (operantes Konditionieren)

Ein Verhalten wird um so eher und häufiger auftreten, wenn es für den Ausführenden angenehme Folgen hat. Wenn also eine Person jedesmal gelobt wird, wenn sie sich alleine die Schuhe anzieht, so wird sie das schließlich immer tun. Diesen Vorgang nennt man operantes Konditionieren.

4. Verstärker

Man unterscheidet materielle und soziale Verstärker. Materielle Verstärker sind wohlschmeckende – jedenfalls aus der Sicht des Kindes – Eßwaren oder Getränke, alle möglichen Gaben und Geschenke, evtl. auch Geld. Als soziale Verstärker kommen Zu-, evtl. auch Abwendung, Zärtlichkeit, Lob und freundliche Worte, aber auch Strafe in Frage.

Als positiver Verstärker kann jede Annehmlichkeit gelten, die ein Lebewesen erfährt. Ein Verstärker im Sinne der Verhaltenstherapie ist eine „Wohltat", die einem Kind oder einem älter gewordenen Menschen angetan wird, um sein Verhalten zu beeinflussen. Im Englischen werden Verstärker reinforcer, der Vorgang der Verstärkung wird reinforcement genannt. In diesem Sinne kann jede Reaktion oder jedes Ereignis, das einer Handlung unmittelbar folgt, ein Verstärker sein.

Negative Verstärker sind unangenehme Erlebnisse als Nacheffekt, also etwa Strafen, Äußerungen des Mißfallens, aber auch sich an eine Handlung unmittelbar anschließendes, nicht von außen beeinflußtes Mißgeschick, so z.B. die Tatsache, daß eine Handlung mißlingt. In besonders schweren Fällen, z.B. bei Selbstbeschädigung werden. glücklicherweise selten, elektrisch ausgelöste Schmerzreize angewandt. Eine andere Art eines negativen Verstärkers ist die Beendigung eines angenehmen Zustandes, wenn also z.B. ein Kind aus einer erfreulichen Spielsituation herausgenommen oder wenn der Nachtisch nach der Hauptmahlzeit entzogen wird. Auch das Verbringen in einen reizarmen Raum, d.h. die Isolierung – englisch „time out" genannt, wirkt als negativer Verstärker. Eine Liste zahlreicher Möglichkeiten, die als Verstärker wirken können, zeigt Tabelle 2.

In der verhaltenstherapeutischen Praxis sollte man versuchen, negative Verstärker so wenig wie möglich einzusetzen. da ihre Wirkung begrenzt ist und oft nur zu Vermeidungsverhalten und weniger zum Lernen und Umlernen führt. Man sollte sich mit einem strengen, ablehnend wirkenden Gesicht, mit einem energischen „nein", in ganz seltenen Fällen mit einem Klaps als Strafe begnügen. Über den richtigen Einsatz von Strafen gibt Tabelle 3 Auskunft.

5. Ersatzverstärker (token)

Da es, besonders bei älteren Kindern, Jugendlichen und Erwachsenen kaum möglich ist, sogleich nach der erwünschten Handlung einen Verstärker zu verabreichen, können Ersatzverstärker gegeben werden, die man englisch „token" nennt. Das ist die Vergabe von Punkten oder Wertmarken (Chips). Nach einem vorher ausgemachten Plan, für den natürlich bei den zu Verstärkenden das notwendige Verständnis vorhanden sein muß, wird verabredet, wieviel ein Punkt wert ist. Ist die vorher vereinbarte Anzahl von Punkten zusammengekommen, so wird die ausgemachte Belohnung gegeben. Über die Punkte muß natürlich genau Buch geführt werden.

Wichtig ist bei der Verstärkung auch, daß sie ganz konsequent durchgeführt und daß die Verstärker nach Möglichkeit nur durch das erwünschte Verhalten erworben werden können. Sie müssen ganz speziell für diesen besonderen Zweck ausgewählt werden. Ein Kind, das viel vor dem Fernseher sitzt, kann kaum mit einer speziellen erwünschten Sendung verstärkt werden.

Teil I

1. Eiskrem essen ___
2. Süßigkeiten ___
3. Früchte ___
4. Kuchen ___
5. Gebäck ___
6. Mineralwasser trinken ___
7. Milch ___
8. Tee ___
9. Kaffee ___
10. Fruchtsaft ___
11. Limonade ___
12. ausklügeln, wie ___
    etwas funktioniert ___
13. Puzzlespiele ___
14. Musik hören ___
15. Pop-, Beatmusik ___
16. Deutsche Schlager ___
17. sich mit Tieren
    beschäftigen ___
18. mit Hunden ___
19. mit Katzen ___
20. mit Vögeln ___
21. Lesen ___
22. Abenteuergeschichten ___
23. lustige Bücher ___
24. Witze ___
25. Bilderhefte (Comics) ___

Teil II

26. Radio hören ___
27. Fernsehen ___
28 Krimis ___
29. Werbefernsehen ___
30. Sportsendungen ___
31. Quizsendungen ___
32. Spielfilme ___
33. Musikshows ___
34. ins Kino gehen ___
35. Widwestfilme sehen ___
36. Kriminalfilme ___
37. Zeichentrickfilme ___
38. lustige Filme ___
39. ins Theater gehen ___
40. in den Zoo gehen ___
41. tanzen ___
42. singen ___
43. Musikinstrument spielen ___
44. malen ___
45. Sport treiben ___
46. Fußball spielen ___
47. Tischtennis ___
48. Schwimmen ___
49. Turnen ___
50. Radfahren ___
51. mit Babys zusammen sein ___
52. mit Kindern zus. sein ___
53. Karten spielen ___
54. wandern ___
55. Autofahrten machen ___
56. sammeln (Briefmarken) ___
57. basteln ___
58. Handarbeiten ___
59. verreisen ___
60. Wochenendfahrten ___
61. einkaufen gehen ___
62. schlafen ___
63. ein Bad nehmen ___
64. duschen ___
65. beten ___
66. in die Kirche gehen ___
67. gelobt werden ___
68. Zärtlichkeit ___
69. sich unterhalten ___
70. mit Freunden ___
71. mit Mitschülern ___
72. mit Bruder / Schwester ___
80. der Mutter ___
81. dem Vater ___
82. sich Witze erzählen ___

____

____

Tabelle 2: Liste von Verstärkern für Kinder (gekürzt und abgewandelt nach F.+und U. Petermann, 1994)

* Soziale Dinge: Unangebrachtes Verhalten nicht beachten, Wiedergutmachungsleistungen fordern.
* Materielle Dinge: Belohnungen und Privilegien entziehen, an Schadensbehebung in angemessenem Umfang beteiligen.
* Punktvergabe: Punkte nicht vergeben oder abziehen.

Wie bestrafe ich falsch?

* Strafen ohne Zusammenhang: Für kleinste Anlässe z.B. Widersprechen, werden ebenso gewaltige Strafen verhängt wie für „große Taten“, z.B. einen parkenden PKW beschädigen.
* Inkonsequentes Bestrafen: Strafen werden angekündigt, aber nicht durchgeführt. Strafmaßnahmen können nicht durchgeführt werden, da sie unsinnig und schwer durchführbar sind, wie beispielsweise drei Wochen Hausarrest.
* Strafen ohne Lernmöglichkeit: Strafen können unangemessen sein, wie z.B. schimpfen, schreien, schlagen, das Kind eine halbe Stunde ins Bett schicken u.a. Solche Strafen ermöglichen kein erwünschtes Verhalten des Kindes, wie Wiedergutmachung und Schadensersatz.

Was kommt dabei heraus?

1. Mit Strafe lernt man keine neuen und erwünschten Dinge.
2. Bestrafung führt zu Flucht und Vermeidung.
3. Strafe kann Angst und Unsicherheit erzeugen.
4. Bestrafung kann zu Aggression führen.
5. Durch Strafe ist man kein gutes Vorbild.
6. Wer bestraft wird, bestraft andere weiter.

Tabelle 3. Wie bestrafe ich richtig (modifiziert nach F. und U. Petermann (1994)

6. Diskrimination

Diskrimination bedeutet Unterscheiden. In der Verhaltenstherapie geht es darum, daß verschiedene Reize, die Verhalten auslösen oder unterdrücken, von einander unterschieden werden. Damit ist Diskrimination das Gegenteil von Generalisierung (Nr. 7). Ein Kind lernt z.B. zu unterscheiden, in welcher Situation ein bestimmtes Verhalten erwünscht oder unerwünscht ist. Bei der Therapie muß zunächst darauf geachtet werden, daß ein zu trainierendes Verhalten auf einen bestimmten Reiz hin erfolgt (Zeigen einer Karte bei der Sprachanbahnung). Später werden neue diskriminative Reize gegeben. Im Diskriminationslernen geht es z.B. darum, unter welchen situativen Bedingungen eine Verhaltensweise zweckmäßig und akzeptabel ist.

Beim Verhaltenstraining kommt es vor, daß eine neue Handlung zwar gelernt wird, aber nur unter der äußeren Bedingung auftritt, unter der sie gelernt wurde. Diese spezielle Situation hat also als diskriminierender Reiz gewirkt und wird von dem Probanden festgehalten. So wundern sich Eltern, daß ihr Kind im Kindergarten den Pullover alleine anzieht und dies zu Hause nicht zu können scheint. Es muß also dafür gesorgt werden, daß nicht nur der erste diskriminierte Reiz wirksam ist, sondern auch andere. Die erlernte oder verlernte Handlung oder Verhaltensweise muß also generalisiert werden.

7. Generalisierung

Da ein diskriminierter Reiz nur unter den Bedingungen aufzutreten pflegt, unter denen er verstärkt wurde, kommt es oft vor, daß gelernte Verhaltensweisen in anderen Situationen nicht auftreten werden. Für das erste Einüben von Handlungen ist es zweckmäßig, immer die gleichen äußeren Bedingungen zu wählen. So hat ein Retardierter also z.B. gelernt, sich selbständig anzuziehen. Wird diese Leistung nun in einem anderen Raum oder in Gegenwart anderer Personen verlangt, so funktioniert das nicht oder nur unvollkommen. Die gelernten oder verlernten Verhaltensweisen müssen also generalisiert, d.h. auch auf andere Situationen erweitert werden, wo sie zweckmäßig und erwünscht sind. Das wird meist bedeuten, daß der Kreis der Situationen erweitert werden muß (im Kindergarten, zu Hause, in der Schule, in Gegenwart mehrerer Personen, im freien etc). Das wird durch schrittweise und – vorsichtige – Veränderung der Situation geübt. Es ist meistens mit viel geringerem Aufwand möglich als bei der ersten Anbahnung. Deswegen sollte man, wenn Erfolge ausbleiben, immer daran denken, daß das negative Ergebnis an einer mangelnden Generalisierung liegt.

Es ist auch möglich, daß Generalisation unzweckmäßig, sogar unerwünscht ist. Das gilt für manche unwillkommenen Handlungen, die man einem Behinderten etwa zu Hause gestatten wird (stereotype Bewegungen, ununterbrochene Selbstgespräche, Onanieren etc.).

8. Löschung

Löschung bedeutet, daß eine Gewohnheit fortschreitend abgeschwächt wird bis sie schließlich nicht mehr auftritt. In der Verhaltensmodifikation unterscheidet man zwischen zwei Formen der Löschung: Bei der respondenten Löschung wird der vorher konditionierte Reiz solange ohne den unkonditionierten dargeboten, bis die konditionierte Reaktion nicht mehr auftritt. Operante Löschung ist hingegen die fortschreitende Schwächung einer Reaktion, die wiederholt ohne Verstärkung vorkommt. Der Verstärker wird also ausgeschaltet.

9. Modellernen

Eine wirkungsvolle Möglichkeit, Verhalten zu beeinflussen, geschieht durch das Präsentieren eines Modells. Unter den normalen Bedingungen der Entwicklung eines Kindes werden die meisten Handlungen auf diese Weise aufgebaut. Das Kind imitiert die Verhaltensweisen seiner Eltern oder anderer Bezugspersonen und übernimmt sie auf spielerische Weise. So wird z.B. Sprache nur über Imitation gelernt. Das funktioniert aber auch bei Erwachsenen und zwar z.T. ganz unbewußt. Wenn in einer kleinen Gruppe beim Gespräch jemand mehrfach gähnt, werden bald andere Partner das Gleiche tun. Auch besonders lautes oder leises Sprechen „färbt" gewöhnlich auf Gesprächspartner von einem Modell auf die anderen ab.

Außer solchen mehr oder weniger belanglosen Übernahmen von Verhaltensweisen von anderen Personen werden aber auch komplexere Handlungen und Gefühle unbewußt nachgeahmt. Wenn z.B. eine Mutter angstvoll und schreiend davonläuft, wenn sich ein Mäuschen oder eine Spinne im Zimmer zeigt, so wird das dabei anwesende Kleinkind diese Angst wahrscheinlich von ihr übernehmen und in Zukunft auch davonlaufen, ohne daß diese Angst für das Kleine eine echte Begründung hat.

Handlungs- und Gefühlsübernahmen ereignen sich am ehesten, wenn das Modell eine besonders geliebte oder eine Respektperson ist. Aber auch Kinder in einer Gruppe, wenn sie etwas älter sind oder sonstwie Vorbildcharakter haben, stellen häufig das Modell für ein anderes Kind dar. Für die heutige Jugend sind Stars, die als Fans verehrt werden, wichtige Modelle; ihr Verhalten wird ganz bewußt, z.T. bis ins Kleinste kopiert.

Je stärker ein Mensch retardiert ist, im so geringer ist offenbar seine Fähigkeit zu imitieren. Es kann deshalb erforderlich sein, das Imitieren systematisch einzuüben. Das ist oft beim Sprachaufbau erforderlich.

10. Einsatz von Verstärkern

Alle Verstärker wirken nach den Lerngesetzen nur, wenn sie der neu zu lernenden, umzulernenden oder unerwünschten Handlung sofort folgen. Das gilt vor allem für die erste Zeit eines Verhaltenstrainings. Ist dieses effektiv gewesen, d.h. die erwünschte Handlung wird öfter ausgeführt oder Unerwünschtes unterlassen, so muß der Verstärker allmählich ausgeblendet werden. Er wird zunächst nur jedes zweite Mal eingesetzt und dann allmählich immer seltener gegeben, bis man ihn ganz weglassen kann. Dieses Ausschleichen nennt man intermittierende Verstärkung. Sie bewirkt nach der Lerntheorie eine Verfestigung eingeübten Verhaltens. Diese Tatsachen erklären die geringe positive Wirkung von Strafen, die durch die Justiz verhängt werden. Bis der Kriminelle nach dem langwierigen Strafverfahren ins Gefängnis kommt, ist die eigentliche Tat schon fast vergessen.

Für den Einsatz von Verstärkern ist ihre vorherige Auswahl von ausschlaggebender Bedeutung. Wer lieber Salzstangen mag, den sollte man nicht mit Süßigkeiten belohnen, Das gilt für jede Art von materieller Verstärkung, aber auch für die sozialen Verstärker. Sie müssen individuell ausgesucht werden. Das kann ein Ausflug mit einem besonders geschätzten Partner, eine Fernsehsendung, ein Kinobesuch oder etwas ähnliches sein (Tabelle 2, S.16). Im Laufe einer länger dauernden Verhaltenstherapie wird es nötig sein, die Effektivität der Verstärker zu überprüfen und sie evtl. durch andere zu ersetzen.

Wie bereits erwähnt (siehe Einleitung S. 12) hat auch die Person, welche die Behandlung durchführt, eine verstärkende Wirkung sowohl im positiven als auch in negativen Sinn, positiv, wenn sie für den zu Behandelnden sympathisch, negativ, wenn sie durch ihr Aussehen, ihre Stimme, ihre Bewegungen oder sonst etwas schwer Abwägbares aversiv wirkt. Hierzu ein Beispiel, das mir ein Zahnarzt erzählte: Bei einem 11jährigen retardierten Kind mußte ein zahnärztlicher Eingriff vorgenommen werden. Das Mädchen weigerte sich und war durch gutes Zureden von allen Seiten nicht zu bewegen, sich auf den Zahnarztstuhl zu setzen. Der Zahnarzt holte nun fünf verschiedene Zahnärzte aus der Klinik, stellte sie vor dem Mädchen auf und sagte ihr, sie solle sich einen von diesen für den Eingriff aussuchen. Das Kind blickte die fünf Ärzte an, ging auf einen bärtigen jungen Mann zu, faßte ihn bei der Hand und setzte sich auf den Behandlungsstuhl, wo der Eingriff reibungslos von statten gehen konnte.

Diese Episode zeigt, welche Rolle, gerade bei behinderten Menschen die Person spielt. die sich intensiv mit ihnen beschäftigen will. Deswegen sollte sich jeder Therapeut und Betreuer fragen, ob die zwischenmenschlichen personellen Beziehungen passen. Hat man den Eindruck, daß das nicht der Fall ist, muß der eigentlichen Behandlung eine Phase des Kennenlernens vorgeschaltet werden.

11. Response cost

Wenn man für einen Probanden gar keine geeigneten Verstärker findet, wenn alle Möglichkeiten des Belohnens und der Vergabe von materiellen Dingen nichts zu fruchten scheinen, kann man sich der Methode der „response cost“ bedienen. Gemeint ist damit der Einsatz von Belohnungen und Annehmlichkeiten, die im Tageslauf sowieso erlebt werden, ohne daß man bisher eine Leistung dafür verlangte. Dafür kommt z.B. das Fernsehen in Frage, das dann streng kontingentiert wird. Bestimmte, besonders attraktive Sendungen dürfen nur angesehen werden, wenn durch entsprechendes Verhalten eine bestimmte Anzahl von Punkten oder Wertmarken erworben worden ist. Response cost kann sich aber auch materieller Verstärker bedienen. Diese wirken ja ohnehin nur dann verstärkend, wenn sie für das Kind oder den Jugendlichen nicht ständig zur Verfügung stehen.

12. Formung von Verhalten (shaping)

Für den Aufbau vieler für kleinere Kinder und Retardierte etwas schwierigere Leistungen und Verhaltensweisen wird es notwendig sein, sich allmählich, schrittweise anzunähern. Manche geistig Behinderte, aber auch Kleinkinder würden überfordert sein, wenn man sogleich die ganze komplexe Handlung von ihnen verlangt. Das gilt auch grundsätzlich für manche Maßnahmen der Erziehung. Es ist deshalb zweckmäßig, in kleinen Schritten vorzugehen. Der Vorgang wird sozusagen zerlegt und zunächst bei dem einfachsten Teil mit dem Verstärken angefangen.

Vor allem bei stärker geistig Behinderten kommt es vor, daß ein für sie etwas schwierigerer Vorgang als Ganzes nicht bewerkstelligt werden kann. Nehmen wir das Beispiel des Zähneputzens: Das Kind oder der Behinderte wird zunächst dafür verstärkt, daß er die Zahnbürste in die Hand nimmt, daß er sie dann in das Wasserglas taucht, Zahnpasta darauf streicht usw. bis die Gesamthandlung ausgeführt werden kann. Die Verstärker können nach einer gewissen Zeit bei den ersten Schritten weggelassen werden bis man schließlich die gesamte Handlung (das Zähneputzen bis zur Mundspülung) verstärken kann.

13. Überlernen (overcorrection)

Zur Behandlung von einigen unerwünschten und dem Aufbau erwünschter Handlungen gibt es die Methode des Überlernens. Hier wird nicht das passende Verhalten in der sonst üblichen Weise eingeübt, sondern sozusagen im Schnellverfahren immer wieder verlangt. Wenn ein Kind oder ein Behinderter lernen soll, auf der Toilette zu urinieren, wird im Rahmen eines Verstärkerprogramms mehrfach hintereinander die Entleerung am gewünschten Ort gefordert. Wirft eine behinderte Person Spielsachen oder Werkzeug auf den Boden, so soll sie nicht nur diese Gegenstände aufheben, sondern zusätzlich den ganzen Raum in Ordnung bringen oder sonstige Folgen des unerwünschten Verhaltens beseitigen.

14. Reaktionsverhinderung (Response preventing)

Diese Methode wird vor allem bei zwanghaften Handlungen oder fest eingefahrenen Gewohnheiten, wie z.B. beim Zwangswaschen, angewandt. Der Therapeut verhindert die unerwünschte oder zu häufig praktizierte Handlung aktiv. Dabei wird versucht, durch beruhigende Gespräche, evtl. Zärtlichkeit, die Spannung und Unruhe abzubauen. Das geschieht etwa eine halbe Stunde lang im Tageslauf evtl. mehrmals, besonders dann, wenn solche Handlungen oder Gewohnheiten zu erwarten sind.

15. Kotherapeuten

Für die meisten Maßnahmen der Verhaltensmodifikation wird ein einzelner Behandler rein zeitlich, aber auch aus anderen Gründen überfordert sein. Ist er verhaltenstherapeutisch ausgebildet, so wird er durch zwei oder drei Kinder und/oder Behinderte nicht ausgefüllt sein. Er kann auch nicht sämtliche im Programm geplanten Behandlungsschritte allein ausführen. Deswegen müssen manche Maßnahmen delegiert werden. Alle weiteren an der Verhaltenstherapie beteiligten Personen nennt man Kotherapeuten. Das sind Betreuer in Heimen und sonstigen Einrichtungen, z.B. auch Krankenschwestern oder -pfleger. Besonders wichtige Kotherapeuten bei Kindern und Jugendlichen sind die Eltern, gelegentlich auch Geschwister. Sie haben die beste Beziehung zu der oder dem zu Behandelnden, sehen sie oder ihn am häufigsten im häuslichen Milieu.

Bei der Behandlung von behinderten Menschen kommt man selten mit zwei bis drei Wochenstunden allein aus. Die geplanten Maßnahmen müssen also in der Familie oder im Heim nach Möglichkeit täglich weitergeführt werden. Um diese Behandlung vor Ort zu bewerkstelligen, ist es zunächst notwendig, daß die Person, welche die Therapieschritte plant, das Milieu, wo sie durchgeführt werden sollen, genau kennt. Sie muß sich also, zumindest anfangs, in die Familie oder das Heim begeben und alle dortigen Bedingungen in Augenschein nehmen, dabei auch die anwesenden Personen kennenlernen. Schließlich ist es notwendig, daß alle eventuellen Kotherapeuten gut instruiert und angelernt werden.

Häufig hört man von Eltern behinderter Kinder, daß die Geschwister am besten mit ihnen umgehen können. Da sie sich in der gleichen Rolle einer gewissen Abhängigkeit von den Erwachsenen befinden, haben sie für die Schwächen ihres retardierten Geschwisterkindes gutes Verständnis. Durch den nicht allzu großen Altersunterschied werden ihr Handeln, z.B. auch ihre Spiele, aber auch ihre Fertigkeiten eher akzeptiert als die eines Erwachsenen. Manche Geschwister zeigen nein ausgesprochenes Geschick im Umgang mit intellektuellen und Handlungsmängeln. Abgesehen davon sind sie auch als Modell für die Nachahmung geeigneter als die Mutter oder der Vater.

Geschwister sind also besonders gute Kotherapeuten, wenn sie von ihren Eltern dabei genügend unterstützt werden. Für diese Aufgaben kommen evtl. auch andere Kinder, etwa Freunde in Frage. Es muß allerdings unbedingt darauf geachtet werden, daß alle diese Kinder nicht überfordert werden. Sie müssen diese Aufgaben gern übernehmen und dürfen keinesfalls darunter leiden. etwa nicht mehr genügend Zeit für ihre eigenen Spiele und Freundschaften haben.

16. Verhaltensbeobachtung

Die auf der Lerntheorie beruhende Verhaltenstherapie ist im Gegensatz zu manchen anderen Verfahren eine sehr exakte, wissenschaftlich untermauerte Methode. Sie beschäftigt sich fast ausschließlich mit Vorgängen, die man objektiv beobachten. registrieren und messen kann. Das beruht auf dem Anfang unseres Jahrhunderts in Amerika begründeten Behaviorismus (behavior = Verhalten).

Wenn also Verhalten durch Umlernen beeinflußt, nämlich als etwas Erwünschtes neu aufgebaut oder als Unerwünschtes oder Unzweckmäßiges abgebaut werden soll, so muß der Stand vor der Behandlung zunächst genau festgelegt werden. Man nennt diese erste Beobachtung „base line". Sie erstreckt sich nur auf das spezielle Gebiet, das verändert werden soll.

Dabei wird genau registriert und auch notiert, was der zu Behandelnde in einer festgelegten Zeit und Situation tut. Vorher sollte entschieden werden, ob man es mit Defiziten des Handelns und Verhaltens zu tun hat (eine erwünschte Handlung kann nicht ausgeführt werden), oder ob ein Verhaltensexzeß vorliegt, was bedeutet, daß z.B. unerwünschte oder zu viele Bewegungen ausgeführt werden.

Für die Dokumentation der „base line" wird man also zunächst einen bestimmten Zeitraum, sagen wir 15 Minuten nach dem Abendessen, dann einen bestimmten Ort, etwa das Badezimmer festlegen. Wichtig ist zusätzlich noch das soziale Umfeld, das zunächst immer gleich sein muß. Man notiert also, ob keine weitere oder noch eine bestimmte andere Person sich im Raum befindet. Auch alle sonstigen Bedingungen, unter denen die Beobachtung stattfindet, müssen notiert werden, also z.B. daß das Kind in der Nacht kaum geschlafen hat. Beim Beispiel des Zähneputzens wird man ein mit Wasser gefülltes Glas, eine Zahnbürste und Zahncreme vor den zu Behandelnden hinstellen und ihn auffordern, sich die Zähne zu putzen. Tut oder kann er das innerhalb einer vorgegebenen Zeit nicht, beschreibt man, was er tut und hat das Defizit festgestellt und beschrieben.

Für den Fall der Verhaltensexzesse verfährt man in der gleichen Weise: Jetzt werden unerwünschte Bewegungen oder Handlungen beschrieben und gezählt, z.B. wie viele Male steht ein Kind, das konzentriert arbeiten soll, in der Zeiteinheit auf, wie oft schlägt ein anderes autoaggressives sich gegen den Kopf.

Hat man sich durch eine exakte Beobachtung etliche Informationen über den gesamten Komplex des mangelnden Verhaltens oder des Fehlverhaltens verschafft, so muß man versuchen, herauszubekommen, welche Personen oder Ereignisse als Reize oder Auslöser wirken und welche Wirkungen sie auf den Handelnden selbst und auf seine Umgebung, auch auf die oder den anwesenden Therapeuten hervorrufen.

Für eine solche Verhaltensanalyse kann man sich des sog. ABC-Musters bedienen, in dem etwas genauer nach den Bedingungen und den früheren Umständen sowie nach den Folgen eines Verhaltens gefragt wird. Jedem Verhalten gehen vorherige Umstände voraus, die man, wenn man die Handlung beobachtet, nicht zu bemerken braucht. Baker und Brightman (1989) geben hierfür ein anschauliches Beispiel: Ein Mann küßt eine Frau. Was diesem Kuß folgt, erlaubt die Voraussage, ob der Mann die Frau wieder küssen wird. Ereignet sich diese Szene an der Türschwelle der Wohnung der Frau, kann die Folge sein, daß der Mann hereingebeten wird oder daß die Frau ihm eine Ohrfeige verabreicht. Für die Analyse der Kußszene wird dieser Vorgang in drei Teile eingeteilt:

Vorhergehende Umstände	aktuelles Verhalten	Konsequenzen	Zukunft?
im Büro	das Küssen	der Mann wird entlassen	es wird nicht wieder geküßt
an der Türschwelle	das Küssen	er wird herein-gebeten	man wird sich öfter küssen
an der Türschwelle	das Küssen	er erhält eine Ohrfeige	es wird kaum wieder geküßt

Tabelle 4

17. Behandlungsplan

Für jede Art von Verhaltenstherapie ist ein gut überlegter Behandlungsplan, ein klar definiertes Therapieprogramm notwendig. Dieses stützt sich auf eine Analyse aller Bedingungen, die mit dem Verhalten, das beeinflußt werden soll, zusammenhängen sowie auf die als „base line“ schriftlich niedergelegten Beobachtungen. Zu den zuerst genannten Bedingungen gehört es, festzustellen, in welchem Gesundheitszustand das Kind oder der/die Jugendliche sich befindet und welche geistigen Leistungen zu erwarten sind (wenn möglich durch einen Test gemessen). Dabei muß natürlich auch überlegt werden, was man den zu Behandelnden zumuten kann; denn sie sollen keinesfalls über- oder unterfordert werden. Es sollte aber überlegt werden, ob die geplante Behandlung grundsätzlich unter zeitlichen und personellen Bedingungen überhaupt möglich ist.

Falls die Methode des Erfolgslernens angewandt werden soll, wird man nun bestimmen, welche Verstärker wirkungsvoll zu sein versprechen. Das nächste ist die Auswahl eventueller Kotherapeuten. Schließlich kann mit der Verhaltensanalyse und der eigentlichen Therapie begonnen werden.

Behandlung verschiedener Erscheinungsbilder

Wir wollen nun beginnen, praktische Hinweise dafür zu geben, wie man auf Verhaltensmängel retardierter Menschen, nach der lerntheoretischen Nomenklatur auf Verhaltensdefizite, Einfluß nehmen kann.

Motorik

Wenn man ein retardiertes Kind oder einen geistig Behinderten fördern oder behandeln will, darf man sich nie einseitig nur mit einer bestimmten Verhaltensweise oder einem einzigen Symptom beschäftigen, sondern muß versuchen, auf die ganze Person einzuwirken. Die Verhaltenstherapie ist zwar grundsätzlich symptomorientiert, sieht, wenn sie richtig verstanden wird, die Symptome aber in ihrer Verflechtung miteinander und mit der Gesamtpersönlichkeit. Bei der in Rede stehenden Zielgruppe geht es nie um den intellektuellen Rückstand allein, sondern um das Gesamtverhalten.

Schon bei der Diagnose geistiger Retardierung richtet man sich im Säuglings- und Kleinkindalter fast ausschließlich nach den motorischen Funktionen, etwa dem Zeitpunkt der statomotorischen Entwicklung. Die Förderung der Motorik gehört auch zu den üblichen Maßnahmen der Frühförderung, z.B. durch Krankengymnastik. Fortschritte in der Motorik wirken auf verschiedene Weise positiv: sie verändern das Gesamtbild des Betroffenen für die eigene Anschauung, aber auch für den Eindruck von außen und geben mehr Sicherheit und Erfolgserlebnisse. Wer aufrecht sitzt oder steht, wer umherläuft, kann stärker an seiner Umgebung teilnehmen und fördert damit auf der untersten Stufe den Intellekt.

Bereits die ersten Hilfen, die eine Mutter oder Betreuerin dem Kleinkind auf dem Gebiet der Motorik gibt, haben den besten Erfolg, wenn sie unter lerntheoretischen Gesichtspunkten erfolgen. Das ist im Grunde eine Selbstverständlichkeit, denn schon immer wurden hier Lob und Zärtlichkeit als Verstärker eingesetzt, schon immer hat die Mutter als Modell gedient und es kam und kommt darauf an, daß die Handlungen des Vorbilds imitiert werden. Was hier, wie auch im Zusammenhang mit dem Einsatz anderer V.T.-Maßnahmen gesagt sein soll, ist die Empfehlung, sich hierüber klar zu werden. Denn wenn ein Kind behindert oder von Behinderung bedroht ist, müssen diese Selbstverständlichkeiten besonders mit eingeplant und auf lange Sicht diesbezügliche Vorbereitungen getroffen werden. Denn der normale, kaum geplante und intuitive Weg führt häufig zu Enttäuschungen.

Der erste Schritt ist es, das motorische Defizit festzustellen. Die motorischen Mängel werden wahrscheinlich darauf beruhen, daß das Nervensystem in seiner Entwicklung zurückgeblieben ist. Der nervöse und der muskuläre Apparat müssen also geschult werden. Das geschieht üblicherweise durch Krankengymnastik nach Bobath oder Vojta. Es geht aber auch darum, daß der Körper der oder des Retardierten aktiv in der richtigen Weise bewegt wird, daß sie oder er wissen, wie man das macht. Ein praktisches Beispiel für das Training des Treppensteigens haben Baker und Brightman (1989) gegeben:

1. „Fangen Sie bei ihrem Kind beim Heraufgehen mit einer Stufe an. Unterstützen Sie sein Gewicht und lassen es sich an Ihnen festhalten, so daß es sich sicher fühlt, wenn Sie zuerst sein eines, dann sein anderes Bein auf die erste Stufe setzen.

2. Helfen Sie ihm, daß es Balance hält, wenn es fest auf der Stufe steht.

3. Wiederholen Sie diese Übung solange, bis Ihr Kind beginnt, ohne Ihre Hilfe alleine die Balance zu halten. Heben Sie seine Beine allmählich immer weniger die Stufe hinauf; es wird die Füße mehr und mehr allein heben. Wenn es das ohne ihre körperliche Hilfe gelernt hat, ist es Zeit, mit dem Weitersteigen zu beginnen.

4. Beginnen Sie am Fuß der Treppe. Lassen Sie es sich am Geländer festhalten. Sie stehen hinter ihm und helfen ihm das Gleichgewicht zu halten.

5. Zunächst braucht es nur eine Stufe heraufzugehen und wird Ihr enthusiastisches Lob und evtl. eine Belohnung ernten.

6. Erhöhen Sie allmählich die Anzahl der Stufen, die es bei jeder Übung hinaufsteigen muß, um belohnt zu werden. Verringern Sie allmählich Ihre Unterstützung, bis das Kind sich allein am Geländer oder an der Wand beim Hinaufsteigen halten kann.

7. Beim die Treppe Heruntergehen wird Ihr Kind eher zögern, denn das ist schwerer zu bewältigen. Man braucht bessere Balance und mehr Vorsicht. Wenn Ihr Kind es schafft, ein paar Stufen alleine hinauf zu gehen, muß man mit dem Heruntergehen anfangen, wobei man mit der untersten Stufe beginnt. Geben Sie immer soviel Unterstützung wie notwendig ist und verringern Sie diese allmählich.

8. Denken Sie daran, die Bewältigung des Treppensteigens kann lange Zeit in Anspruch nehmen. Mit viel Geduld und in kleinen Schritten wird Ihr Kind erfolgreich sein.“

Diese Anweisungen mögen sehr ausführlich und etwas banal klingen, sie zeigen aber, was man alles beachten muß und wie wichtig es ist, die Handlungen in kleine Schritte aufzuteilen (shaping). All das kann natürlich im Einzelfall variiert und an die individuelle Situation angepaßt werden. Mit viel Geduld, wird man dann aber sicher zum Ziel kommen.

In ähnlicher Weise kann das Training vieler anderer motorischer Funktionen gestaltet werden, nämlich freies Stehen, am Tisch Sitzen, Klettern usw. Für diese Übungen muß man sich überlegen, welche materiellen Verstärker außer Lob und Anerkennung man evtl. verwenden kann. Es ist auch zweckmäßig, diese Vorgänge mit verbalen Äußerungen zu begleiten, d.h. die Wörter „Treppe“, „Stehen“, „Tisch“, etc. dabei auszusprechen.

Auf die gleiche Art werden feinmotorische Fähigkeiten eingeübt, nämlich das Zeigen und in der Hand Halten von Gegenständen, das Hineintun in Behälter, in Löcher Stecken, Einfädeln von Perlen und viele Verrichtungen des täglichen Lebens, für die Geschicklichkeit mit den Händen erforderlich ist. Um das Kind oder die oder den Behinderten nicht zu überfordern, sollte jede Verrichtung einzeln eingeübt und die nächste erst in Angriff genommen werden, wenn die vorige beherrscht wird (shaping). Um zu beurteilen, welche Handlungen oder Fähigkeiten eingeübt werden müssen, muß in einer base line (siehe S. 25) vorher festgelegt werden, was das Kind beherrscht und was nicht.

Essen und Trinken

Da das Ziel jeder Förderung eines retardierten Kindes oder Jugendliches die Selbständigkeit ist und Mutter oder Betreuerin von den banalen Hilfestellungen entlastet werden sollen, muß auch die Nahrungsaufnahme therapeutisch besonders angegangen werden.

Grundsätzlich sollte man Behinderten ihren eigenen Geschmack zugestehen, wenn die Zubereitung ausgefallener Speisen nicht zuviel Arbeit macht. Falls es zweckmäßig ist, Nahrungsmittel, etwa bestimmte Süßigkeiten als Verstärker einzusetzen, müssen diese aus dem übrigen Angebot ausgespart werden; denn sie verlieren jede Verstärker-Wirkung, wenn man sie auch bei anderer Gelegenheit bekommt.

Ein wichtiges Thema bei der Ernährung retardierter Kinder ist die Umstellung von flüssiger auf feste Nahrung, die normalerweise über breiige Kost zwischen dem 7. und 8. Lebensmonat gelingt. Bei Behinderten funktioniert das nicht so einfach, mit ihnen muß man oft mühsam das Essen vom Löffel, das Herunterschlucken von Brei und das Kauen von festeren Bestandteilen trainieren. Das kostet viel Zeit und Geduld. Es ist aber wichtig, diese Prozesse früh einzuleiten, bevor sich das Kind – und manchmal auch die Mutter aus Bequemlichkeit – allzusehr an die Babyflasche gewöhnt haben. Das Essen vom und mit dem Löffel und die entsprechenden Mundbewegungen sind auch für die sich entwickelnde Sprache nützlich.

Das geduldige und immer wieder wiederholte Einüben des Essens vom Löffel, aber auch das Abbeißen, erfordern viel Zeit. Diese reicht morgens bei der ersten Mahlzeit, auf die es zunächst ankommt, häufig nicht aus, denn das Kind muß in den Kindergarten und die Mutter eventuell zur Arbeit. Also beschränkt man sich auf die Flasche; ihr Inhalt enthält ja alle wichtigen Nährstoffe und das Kind ist zufrieden.

Man wird also in der kritischen Zeit nicht darum herum kommen, mindestens eine halbe Stunde früher aufzustehen und geduldig folgende Schritte einüben:

1. Gewöhnung der Lippen und der Mundhöhle an den Löffel
2. Wiederholtes Einführen einer kleinen Menge Brei in den Mund
3. Bei Erfolg allmähliche Verfestigung der Konsistenz
4. Dann Übergang zu festen Speisen, je nach Geschmack des Kindes, mit Einüben des Kauens
5. Danach Trainieren des Trinkens aus der Tasse oder dem Becher

Bei diesen Übungsschritten handelt es sich um notwendige Lernvorgänge. Die Mutter oder Betreuerin wird jeden erwünschten Schritt sozial verstärken, dem Kind selbst – als Modell – aber auch vormachen, wie man ißt und das alles mit erklärenden Worten begleiten. Als Modell zur Imitation kann auch ein Geschwisterkind herangezogen werden. Diese Entwöhnung von der Flasche ist für die weitere Entwicklung eines retardierten Kindes sehr bedeutsam und sollte intensiv in Angriff genommen werden. Ein Kind, das mit 4 Jahren oder noch später keine feste Nahrung zu sich nehmen kann, ist einerseits für jede Einrichtung eine besondere Belastung, verschlechtert aber auch sein Image bei gleichaltrigen Partnern.

Selbständigkeit

Das bedeutsamste Ziel einer Förderung und Behandlung retardierter Kinder und Jugendlicher ist die Entwicklung der Selbständigkeit, denn die Abhängigkeit von anderen Menschen, zunächst von Mutter und Vater, muß soweit wie möglich bis zum Erwachsenwerden abgebaut werden. Je früher das geschieht, umso größer sind die Chancen, daß weitgehende Selbständigkeit erreicht wird. Andererseits müssen natürlich die Voraussetzungen bezüglich der Reife des Kindes, vor allem, was sein Nervensystem anbetrifft, erreicht sein.

Um sich zu vergewissern, welche Fähigkeiten zur Selbständigkeit, d.h. zur Eigenversorgung ein retardiertes Kind oder ein Jugendlicher bereits beherrscht, kann man sich der als Tabelle 6 abgedruckten Liste bedienen. Die Unterteilung in „gar nicht", „ein wenig" und „voll" läßt sich auch als die Grundlage einer base line benutzen, an Hand deren man während der Behandlung Erfolge oder Mißerfolge beurteilen kann.

Beginnen wir mit der Toilette am Morgen, d.h. dem Waschen und Anziehen. Um diese Tätigkeiten einzuüben, braucht eine Mutter ebenso wie bei der Umstellung auf feste Nahrung viel Zeit. Manche Mütter helfen um Zeit zu sparen ihren Kindern morgens beim Anziehen bis ins Schulalter, obwohl diese das längst alleine können. Das Trainieren der nach dem Aufstehen erforderlichen Handlungen ist im Grunde sehr einfach, wenn es systematisch und konsequent in Angriff genommen wird. Man wird also nacheinander Waschen der Hände und des Gesichts, Zähneputzen, Haare Kämmen und Anziehen jeweils in verschiedenen Übungsgängen trainieren.

Man beginnt zweckmäßigerweise mit dem Waschen der Hände, da man das auch bei anderen Gelegenheiten am Tag wiederholen kann. Wie bei allen anderen Fertigkeiten bedient man sich der Verhaltensformung, (shaping) indem man die Handlung in kleine Schritte zerlegt, also etwa so:

1. Erklärung des Vorganges und Vormachen durch die Mutter
2. Aufdrehen des Wasserhahns evtl. mit Handführen, Ausprobieren der Stärke des Strahls
3. Befeuchten der Hände
4. Hinzunehmen der Seife
5. Waschen der Hände
6. Waschen des Gesichts
7. Abspülen der Seife
8. Abtrocknen der Hände und des Gesichts

Als Verstärker werden meist Äußerungen des Lobes etc. genügen. Sollte das nicht der Fall sein, kann man auch ein Punktsystem im Sinne der Selbstverstärkung (Token-System) benutzen.

In der gleichen Weise werden die anderen Fertigkeiten, (siehe auch S. 34) Kämmen, Anziehen der verschiedenen Kleidungsstücke mit Schließen des Reißverschlusses, Knöpfen, Anziehen und Verschließen der Schuhe etc., jede Fertigkeit für sich eingeübt. Das ist ein mühsamer Weg, der aber mit Sicherheit zum Erfolg, oder mindestens zu Teilerfolgen führt. Bei all diesen Aufgaben muß selbstverständlich eine Bestandsaufnahme der bereits beherrschten Fertigkeiten, eine base line, am Anfang stehen; dabei wird sich herausstellen, daß das Kind einige dieser erwünschten Handlungen schon ausführen kann und nur die anderen trainiert werden müssen.

Ist das Kind etwas älter geworden, kommen die Praktiken des selbständigen Essens mit Löffel, Gabel und Messer sowie gute Tischsitten dran. Eltern eines behinderten Kindes oder Jugendlichen sollten alles tun, damit sie es überall hin mitnehmen können, ohne aufzufallen. Das wird nicht von alleine funktionieren. Also wird in der beschriebenen Weise das Essen am Tisch mit Besteck eingeübt. Das geschieht natürlich zunächst zu Hause in der gewohnten Umgebung. Funktioniert das, so ist damit nicht gesagt, daß es auch im Restaurant klappt.

Nach den Gesetzen der Lerntheorie ist es notwendig, dafür zu sorgen, daß eine erlernte Fähigkeit generalisiert. Man beobachtet öfters, daß Kinder, die im Kindergarten manierlich das Angebotene essen, dazu in einem anderen Milieu, etwa zu Hause, nicht in der Lage sind. Sie essen z.B. in der Tagesstätte bestimmte Gemüsesorten oder manche andere Dinge, die sie zu Hause grundsätzlich ablehnen. Lernvorgänge sind nämlich manchmal an einen bestimmten Ort oder an eine bestimmte Situation gebunden. Das hängt zweifellos mit den Lernbedingungen zusammen, läßt sich aber oft schwer voraussagen. Im häuslichen Milieu wurde vielleicht stärker auf Sonderwünsche eingegangen oder die Kindergruppe in der Tagesstätte war ein günstigeres Modell als der Familientisch.

Die Konsequenz ist die Notwendigkeit, etwas zur Generalisierung erlernter Fähigkeiten zu tun. Im Falle des Essens bestimmter Speisen oder mit Besteck wird man, sobald die Handlung erlernt ist, das Gleiche in einem anderen Zimmer oder mit anderen Partnern üben. Man muß die Situation langsam und in kleinen Schritten verändern und sich allmählich an die Eßsituation im Restaurant annähern. Das Kennenlernen neuer Räume spielt auch bei anderen Gelegenheiten eine Rolle. Die Voraussetzung für jede neu zu lernende Handlung ist zunächst ein bekannter und angstfreier Raum und ebenso das Kennenlernen von Material, das benutzt werden soll (Materialerfahrung).

Erziehung zum Trocken- und Sauberwerden

Ein wichtiges Thema im Zusammenhang mit der Selbständigkeit ist das Trocken- und Sauberwerden, also die Beherrschung der Blase und des Mastdarmes bei der Harn- und Stuhlausscheidung. Diese Funktionen rechtzeitig, d.h. nach Möglichkeit vor dem Besuch des Kindergartens beherrschen zu lernen, fällt retardierten Kindern oft schwer.

Bevor man mit dem entsprechenden Training beginnt, muß entschieden werden, ob die Voraussetzungen für die Beherrschung der Toiletten-Funktionen bei dem Kind vorhanden sind. Diese sind: etwa 5 Minuten auf einem Stuhl sitzen, Urin und Stuhl mindestens 1 1/2 Minuten zurückhalten, sowie das grundsätzliche Verständnis für den Vorgang der Entleerung auf der Toilette. oder auf dem Topf.

Das Toilettentraining hat folgende grundsätzliche Ziele:

1. Entleerung von Blase und Mastdarm zu bestimmen vorgegebenen Zeiten
2. Entleerung an einem bestimmten vorgegebenen Ort
3. Damit zusammenhängend, Vermeiden von Einnässen und Einkoten
4. Reinlichkeit in Zusammenhang mit der Entleerung (Abputzen und Händewaschen)

Trockenwerden

Die Mutter wird nun zunächst feststellen, wann die größte Harnentleerung in die Windel erfolgt und das Kind zu dieser Zeit jeden Tag auf den Topf oder die Toilette setzen. Dabei ist es eventuell erforderlich, es zunächst an den Toilettenraum zu gewöhnen und dabei vielleicht anfangs die Hose anzulassen. Sie erklärt nun dem Kind, worauf es ankommt und setzt es auf den Topf oder die Toilette. Um den Harnfluß zu beschleunigen, hat sich bewährt, Wasser aus einem Hahn laufen zu lassen. Sobald die Entleerung gelungen ist, wird jedesmal im beschriebenen Sinne verstärkt.

Hat sich die Harnentleerung am gewünschten Ort eingespielt, geht es darum, das Trockensein zu kontrollieren und diesmal trockene Hosen und das trockene Bett zu belohnen. Um der Mutter diese Aufgabe zu erleichtern und übersichtlicher zu gestalten, sollte sie sich einer tabellarischen Übersicht bedienen (Tabelle 5, S. 39).

Wenn man voraussetzen kann, daß das Kind hierfür genügend Verständnis hat, kann diese Übersicht in seinem Zimmer an die Wand gehängt und ihm erklärt werden, welche, eventuell farbig eingetragenen Buchstaben in welcher Weise belohnt werden.

Ein erstes Ziel ist mit dem Trockensein am Tag erreicht. Es schließt sich die Vermeidung des nassen Betts an. Beim Training dieser Vorgänge kommt es auch auf das Gefühl für die Füllung der Blase an. Das läßt sich bei manchen Kindern dadurch trainieren, daß man sie auffordert bei der Entleerung auf der Toilette mehrmals den Urinstrahl anzuhalten.

Zur Behandlung des Einnässens (medizinisch Enuresis genannt) gibt es noch einige verhaltenstherapeutische Verfahren, die sich spezieller Apparate bedienen. Eine sehr einleuchtende Methode ist das Musik-Klosett: Da die meisten retardierten Kinder Musik sehr lieben, läßt sich diese – wie übrigens auch bei andren Gelegenheiten – als Belohnung einsetzen. Es wird eine entsprechend konstruierte Metallspirale im Klosett angebracht, von der ein Kabel zu einer oben an der Wand montierten Musikkassette führt. Sobald die Harnentleerung beginnt, schließen die ersten Tropfen einen Stromkreis kurz und schalten Musik – je nach dem Geschmack des Kindes – ein. So wird der Vorgang des Urinierens sofort verstärkt. Eine solche Apparatur wurde von H. Hartmann 1981 entwickelt, es ist aber leider nie zur serienmäßigen Herstellung und damit zum Verkauf der Apparatur gekommen.

Zeit	1. Tag Toil. Hose	2. Tag Toil. Hose	3. Tag Toil. Hose	4. Tag Toil. Hose	5. Tag Toil. Hose	6. Tag Toil. Hose
7.00						
8.00						
9.00						
10.00						
11.00						
12.00						
13.00						
14.00						
15.00						
16.00						
17.00						
18.00						
19.00						
20.00						

Buchstaben zum Eintragen der Kontrollergebnisse:
T = trocken, U = Urin, K = Kot, U/K = Urin + Kot

Tabelle 5: Übersicht über Einnässen

Eine 2. apparative Methode bedient sich der sog. Klingelhose, die auch in Deutschland erworben werden kann (H. Stegat, 1973). Auch hier schließt der austretende Urin einen Stromkreis und läßt einen Wecker klingeln. Das kommt fast ausschließlich für Kinder in Frage, die das Bett nässen. Eine kleine Vorrichtung aus Stoff wird in der Hose in der Nähe des Harnröhrenausgangs angebracht und läßt bereits bei den ersten

Tropfen den Wecker schrillen. Das Kind soll sofort mit der Entleerung innehalten und zur Toilette gehen, um sich dort ganz zu entleeren. Auf diese Weise soll die Empfindung des Harnreizes mit dem Aufwachen konditioniert werden.

Um bei den verschiedenen Methoden der Enuresisbehandlung Rückfälle zu vermeiden, kann man sich der Methode des Überlernens (S. 23) bedienen. Das geschieht, indem die zunächst eingeschränkte Aufnahme von Flüssigkeit am Abend in kleinen Schritten erhöht wird. Damit ist in verschiedenen Studien in Amerika eine deutliche Verfestigung der Anfangserfolge erzielt worden.

Sauberwerden

Wenn ein Kind noch nicht sauber ist, d.h. seinen Stuhl noch in die Hose entleert oder in fortgeschrittenem Alter noch eine Windel braucht, so schränkt das seinen sozialen Status stark ein und ist für die Mütter und für die Betreuer in Einrichtungen eine besondere Belastung. Deswegen ist es zweckmäßig, bei einem von Behinderung bedrohten oder behinderten Kind so früh wie möglich für die Kontrolle des Mastdarmes zu sorgen. Eine Voraussetzung für die Anwendung eines verhaltenstherapeutischen Programms ist es, daß das Kind in Bezug auf die Mastdarmfunktion und die Stuhlentleerung gesund ist. Man sollte deswegen vorsorglich eine entsprechende ärztliche Untersuchung vornehmen lassen.

Ein nicht unbeträchtlicher Teil geistig behinderter Kinder und Jugendlicher ist jenseits des 5. bis 6. Lebensjahres noch nicht bezüglich seiner Stuhlentleerung sauber. Für die Gruppe der Autisten gibt es eine Untersuchung, bei der 100 Eltern(paare) befragt wurden (Nancy J. Dalrymple u. Mitarb. 1992). Die durchschnittliche Zeit der Sauberkeitserziehung betrug 2,1 Jahre, die des Trockenwerdens 1,6 Jahre. Bei 56% erreichte man die selbständige Benutzung der Toilette; 42% wurden dazu gebracht, sich zu melden und 49% waren sauber, wenn sie nach einem Plan zur Toilette geführt wurden. Die Mängel der Darm- und Blasenbeherrschung wurde mit schlechteren kognitiven und Sprachfähigkeiten erklärt. Es zeigte sich eine signifikante Korrelation zwischen Enkopresis und Enuresis auf der einen und dem Alter bei der Darm- und Blasenbeherrschung auf der anderen Seite. Die Eltern der männlichen Autisten hatten zu 78%, die der weiblichen zu 100% Verstärker angewandt.

Für die Behandlung des Einkotens (medizinisch Enkopresis genannt) gelten zunächst die gleichen Regeln wie beim Einnässen. Man muß also die Entleerung des Darms in die Toilette nach verhaltenstherapeutischen Gesichtspunkten trainieren. Wenn dieser erste Schritt erreicht ist, geht es nur noch darum, Windeln und Hosen zu kontrollieren und nach einem vorher ausgemachten Plan eine Belohnung zu geben, wenn sie sauber sind.

Da das Kind ja zunächst Windeln trägt, müssen diese im Badezimmer gewechselt werden, wenn sie beschmutzt sind. Dieser Vorgang sollte als eine belanglose Nebensache ablaufen, d.h. die Mutter sollte weder schimpfen oder strafen, noch zärtlich sein, denn diese Zuwendung könnte, auch wenn sie negativ ist, eine Verstärkung sein. die bewirkt, daß das Kind kein Interesse daran hat, sauber zu werden, Die meisten Mütter wissen, wann eine Stuhlentleerung zu erwarten ist und sehen ihren Kindern eventuell an, ob eine solche bevorsteht. Sie werden dann sofort mit ihm zum Klosett gehen und bei Erfolg belohnen. So macht das Kind zunächst die Erfahrung, was von ihm verlangt wird und wird verstärkt. Es wird sich dann bald herausstellen, welches die günstigste Zeit für die Entleerung ist. Nach einiger Zeit sollte die Mutter versuchen, sich allmählich aus dem Toilettenraum, zu entfernen, denn das Kind sollte dort allein sein und nicht abgelenkt werden.

Hat sich dieser Vorgang eingespielt, so geht man zu regelmäßigen Kontrollen sauberer Kleider über. Zwischendurch muß man versuchen, die Windeln wegzulassen, denn diese haben einen gewissen Aufforderungscharakter, sie zu beschmutzen. Sobald der Stuhlgang auf der Toilette sich eingespielt hat, muß die Mutter mit der Kontrolle der Hosen beginnen. Hierzu kann die Liste der Tabelle 5 (Seite 39) benutzt werden. Es werden bestimmte Zeiten, etwa 4 – 5 mal am Tag festgesetzt. Das wird dem Kind genau erklärt und dabei auch die Belohnungen, am besten nach einem Punkt- oder Wertmarkensystem (token) ausgemacht. Diese Kontrollen müssen sich über viele Wochen erstrecken und können erst ausgesetzt werden, wenn das Kind mindestens 14 Tage sauber ist. Bei gutem Erfolg in dieser Zeit können sich die Kontrollen der Kleidung auf 3 mal am Tag beschränken. Die ganze Prozedur der Sauberkeitserziehung wird sich sicher insgesamt über viele Wochen bis einige Monate hinziehen und sollte sehr konsequent, auch bei vorübergehenden Rückschlägen durchgeführt werden. Dabei muß auch die Wirkung der Verstärker, d.h. der Belohnungen öfter noch einmal durchdacht und evtl. Veränderungen vorgenommen werden.

Hier noch einmal der ganze Vorgang und das Ziel, d.h. alle Schritte, die erreicht werden sollen:

A. Vorbereitung auf die Stuhlentleerung

1. Erkennen, wann das Kind Stuhlgang hat
2. Auf den Zeitpunkt der Entleerung warten
3. Das Badezimmer betreten

B. Selbständigkeit im Badezimmer

4. Die Hosen herunterziehen
5. Auf der Toilette sitzen
6. Stuhlentleerung auf der Toilette
7. Mit Toilettenpapier abwischen
8. Die Hosen wieder hochziehen
9. Die Toilettenspülung in Gang setzen
10. Die Hände waschen
11. Hände abtrocknen

Sauberwerden mit Microklist

Wenn es schwierig ist, die Darmentleerung abzupassen, man also nicht weiß und voraussagen kann, wann es Zeit ist die oder den zu Behandelnden auf das Klosett zu setzen, kann man die Entleerung durch ein hierzu geeignetes kleines Klistier provozieren. Man bedient sich des Präparates Microklist und führt die darin enthaltene Flüssigkeit – am besten morgens, wenn man erwarten kann, daß der Dickdarm voll ist – in den After ein. Nach etwa 10 Minuten wird das Kind auf das Klosett gesetzt, wo die erwünschte Entleerung eintritt. Das alles geschieht genauso wie oben empfohlen, nur daß der Stuhlgang durch das Microlist zu einem bestimmten Zeitpunkt hervorgerufen wird.

Das Microklist ist harmlos und für Kinder geeignet. Man sollte es 2 bis 3 Wochen lang täglich anwenden und dann eine Woche nur die Hälfte der Flüssigkeit einspritzen. Weitere 10 Tage lang sollte diese halbe Dosis nur jeden zweiten Tag gegeben und dann weggelassen werden. Zu der ganzen Prozedur gehört ein systematisches Verstärker-Programm.

Weitere Hilfen im täglichen Leben

Personen mit eingeschränkter intellektueller Leistungsfähigkeit haben einerseits den gleichen Anspruch auf Lebensfreude wie andere Menschen, andererseits ist es wichtig, daß sie sozial so weit wie möglich akzeptiert werden. Das setzt voraus, daß sie soviel wie möglich von den üblichen Gepflogenheiten im Umgang mit anderen Menschen – ebenso natürlich auch zu ihrem eigenen Vorteil – lernen. Auch wenn ein Behinderter den Sinn mancher üblicher Handlungen nicht richtig versteht, so ist es doch für ihn nützlich, sie auszuführen. Es ist besser, nach außen hin den Eindruck der Normalität zu machen, d.h. eine positive Fassade zu zeigen, als wegen schlechter Umgangsformen sogleich aufzufallen und als Trottel oder Schwachsinniger abgestempelt zu werden.

In der heutigen Erziehung gilt zwar Bravheit und Höflichkeit, eventuell sogar Unterwürfigkeit nicht als Ziel; bei vielen Gelegenheiten des täglichen Lebens werden freundliches Entgegenkommen und Höflichkeit aber doch honoriert.

Begrüßen

In einem bestimmten Alter sollten Kinder lernen, Erwachsene zu begrüßen. Gerade, wenn sie retardiert sind, fällt es leichter, sie dazu zu bringen, einem Partner die Hand zu geben, ihn dabei anzuschauen und, wenn möglich, eine Grußformel auszusprechen. Das bekannte und normale Fremdeln von Kleinkindern läßt sich durch zurückhaltendes Verhalten – kein Redeschwall! – abbauen.

Wie bei den anderen einzuübenden Verhaltensweisen muß die Begrüßung in kleinen Schritten geübt und verstärkt werden:

1. Hinwendung zum Partner
2. Blickkontakt aufnehmen
3. Ruhig zum Partner hingewandt stehen

4. Die (rechte) Hand reichen
5. Die Grußformel aussprechen
6. Die Hand wieder loslassen

Vor dem Einüben des Grüßens muß man versuchen, dem Kind oder Jugendlichen klarzumachen, in welcher Situation Grüßen erforderlich und zweckmäßig ist, welche Menschen, denen man begegnet, begrüßt werden sollen und welche nicht. Denn man muß verhindern, daß das Kind jeden Beliebigen grüßt und evtl. mit ihm geht. Überlegen muß man auch, welche Grußformel zweckmäßig ist. Das hängt natürlich von der Situation und vom Partner ab. Im jüngeren Alter wird sicherlich das Übliche „Hallo“ (evtl. auch „Hi“) genügen. Bei der Begegnung mit etwas anspruchsvolleren Erwachsenen, auf die vielleicht ein besonders guter Eindruck gemacht werden soll, ist sicher „guten Morgen“ etc. besser. Auch bei Behinderten, die der Sprache nicht mächtig sind, d.h. auch so einfache Wörter nicht artikulieren können, ist es trotzdem von Vorteil, wenn sie den Gruß stumm von sich geben.

Wenn es darum geht, bei Menschen, welche die oder den Behinderten nicht kennen, einen möglichst positiven Eindruck zu machen, z.B. wenn es um die Unterbringung in einer Tagesstätte oder einem Heim geht, sind gute allgemeine Umgangsformen von Nutzen. Dazu gehört das schon erwähnte (S. 32) manierliche Essen, aber auch das, was man früher als Gehorsam bezeichnete. Damit ist nicht bedingungslose Unterordnung gemeint, sondern das Eingehen auf Aufforderungen.

Reagieren auf Aufforderungen

Bei Schwerbehinderten müssen diese Dinge mühsam eingeübt werden, da die einfache Imitation meist nicht ausreicht. Eventuell kann es schon notwendig sein, das Reagieren auf den Namen und die Aufforderung „komm her!“ zu trainieren. Behinderten, die weder aktive Sprache noch ein gutes Sprachverständnis haben, wird das Befolgen dieser Aufforderung durch die Kombination von Sprach- und Situationsverständnis eingeübt.:

1. Einfaches Erklären, was gemeint ist
2. Die Aufforderung „Markus, komm her!“
3. Gleichzeitiges Heranwinken
4. Intensives Lob, wenn das Kind gekommen ist

Auf diese oder ähnliche Weise kann man viele Verrichtungen des täglichen Lebens, wie z.B. „setz' dich auf den Stuhl!“, „nimm die Tasse!“ oder ähnliches aufbauen. Man muß sich hüten, die Zweckmäßigkeit des Befolgens solcher Aufforderungen zu unterschätzen und den Erfolg als Dressur abzutun. Wenn die oder der Behinderte diese Dinge beherrscht, so ist das für sie im Umgang mit anderen Menschen von unschätzbarem Wert, denn um so weniger fallen sie wegen ihrer Behinderung auf. So wird es auch seltener vorkommen, daß Fremde der Mutter die Schuld geben und glauben, sie habe ihr Kind schlecht oder falsch erzogen. Mit der Erziehung zu solchem „Gehorsam“ können die Eltern auch keinesfalls irgend einen Schaden anrichten.

Liste der Fertigkeiten zur Selbständigkeit

Fertigkeit	gar nicht	ein wenig	voll
1. Trinken aus der Tasse	___	___	___
2. Essen mit Löffel	___	___	___
3. Essen mit Gabel	___	___	___
4. Zerteilen mit Messer	___	___	___
5. Schneiden mit Messer	___	___	___
6. Hose ausziehen	___	___	___
7. Hose anziehen	___	___	___

Fertigkeit	gar nicht	ein wenig	voll
8. Strümpfe anziehen	___	___	___
9. Pullover anziehen	___	___	___
10. Anziehen von Bluse, Hemd, Jackett	___	___	___
11. Schuhe anziehen	___	___	___
12. Einen Gürtel einziehen	___	___	___
13. Gürtel schließen	___	___	___
14. Reißverschluß hochziehen	___	___	___
15. Knöpfen	___	___	___
16. Reißverschluß öffnen	___	___	___
17. Schuhe schnüren	___	___	___
18. Kleider aufhängen	___	___	___
19. Hände waschen	___	___	___
20. Hände abtrocknen	___	___	___
21. Zähne putzen	___	___	___
22. Das Gesicht waschen	___	___	___
23. Baden und abtrocknen	___	___	___
24. Beim Baden waschen	___	___	___
25. Haare kämmen und bürsten	___	___	___
26. Haare waschen	___	___	___
27. Das Bett machen	___	___	___
28. Den Tisch decken	___	___	___
29. Das Bett neu beziehen	___	___	___
30. Ausfegen	___	___	___

Tabelle 6: Fähigkeiten des täglichen Lebens, die ein Kind oder ein Behinderter beherrschen könnte (nach B.L. Baker & A.J. Brightman, 1989)

Alle diese zur Selbständigkeit gehörenden Fähigkeiten können einzeln oder in kleine Schritte zerlegt nach verhaltenstherapeutischen Gesichtspunkten genau geplant eingeübt werden. Dabei dient die Liste als base line.

Telefonieren

Hierzu ein Beispiel: Das Telefonieren, das ein Kind oder ein Behinderter, der der Sprache mächtig ist, lernen kann. Baker und Brightman haben auch dazu eine umfangreiche liste zusammengestellt.

Notwendige Fertigkeiten zum Telefonieren

Einführung	**Nein**	**Ja mit Hilfe**	**Allein**
1. Erkennen der Nummern 0 – 9	—	—	—
2. spricht in kurzen verständlichen Sätzen	—	—	—
3. Versteht einfache Konversation	—	—	—
4. Hat die motorischen Fähigkeiten den Hörer zu halten und die Nummernscheibe zu bedienen	—	—	—
I Fähigkeit zu telefonieren			
1. Einen Anruf beantworten	—	—	—
A. hält den Hörer richtig	—	—	—
B. Erkennt das Klingeln	—	—	—
C. Antwortet und sagt „Hallo“	—	—	—
D. Hängt nach dem Gespräch richtig ein	—	—	—
E. Notiert einfache Nachrichten	—	—	—
II Führt ein Telefongespräch durch			
A. Wählt auf Anweisung eine Nummer	—	—	—
B. Wählt eine aufgeschriebene Nummer von 7 Zahlen	—	—	—
C. Weiß, was Pieptöne etc. bedeuten	—	—	—
1. Kennt freie (Amts)leitung	—	—	—
2. Kennt „totes“ Telefon	—	—	—
3. Kennt Weckzeichen beim Partner	—	—	—
4. Kennt Besetztton	—	—	—
5. Kennt Stimme der Telefonistin	—	—	—
III Anrufen von Standart-Telefon			
A. Weiß eigene Telefonnummer aus dem Kopf	—	—	—
B. Hat ein Notizbuch oder ein anderes System die Nummern zu merken	—	—	—
C. Weiß, welche Nummer in einem Notfall zu wählen ist	—	—	—
IV Anruf von Telefonzelle oder von anderem zu bezahlendem Telefon			
A. Kann in diesem Fall mit Geld oder Telefonkarte umgehen	—	—	—

Inschriften und Verkehrszeichen

Retardierte Kinder und Jugendliche, die einige Sprachkompetenz haben, sollten, wenn irgend möglich, auch dahin gebracht werden, außerhalb der Wohnung Verkehrszeichen und einige Inschriften zu lesen. Das können Mütter und Betreuerinnen mit ihnen einüben, auch wenn sie in der Sonderschule nicht Lesen und Schreiben gelernt haben. Dazu gehört selbstverständlich auch die Beachtung der Farben an der Verkehrsampel.

Die folgende Liste gibt eine Zusammenstellung von Inschriften, die Behinderte, mindenstes zum Teil verstehen sollten (Abbildung 1). Dazu kommen natürlich die üblichen Verkehrsschilder und Piktogramme, die man auf Bahnhöfen antrifft (Abbildung 1a).

	erkannt	**verstanden**		**erkannt**	**verstanden**
HALT	___	___	GIFT	___	___
GEHE	___	___	HERREN	___	___
STOP	___	___	DAMEN	___	___
VORSICHT	___	___	BESETZT	___	___
GEFAHR	___	___	OFFEN		
EINGANG	___	___	GESCHLOSSEN	___	___
KEIN EINTRITT	___	___	FRISCH		
			GESTRICHEN	___	___
AUSGANG	___	___	NICHTRAUCHER	___	___
NOTAUSGANG	___	___	WARTEZIMMER	___	___
DRÜCKEN	___	___	POLIZEI	___	___
ZIEHEN	___	___	POST	___	___
RECHTS	___	___	BUS	___	___
LINKS	___	___	TAXI	___	___
VORSICHT	___	___			

Abbildung 1: Inschriften

Die Wörter dieser Liste können Retardierte bei Autofahrten – sie alle haben Vergnügen an solchen Ausflügen – sozusagen spielend lernen. das ist sicher schon ein Gewinn, wenn es auch nur einige von ihnen sind, wobei der Druck des Schulunterrichts wegfällt. Dabei läßt sich der ganze Vorgang in ein gut geplantes verhaltenstherapeutisches Programm mit kleinen Schritten einbauen.

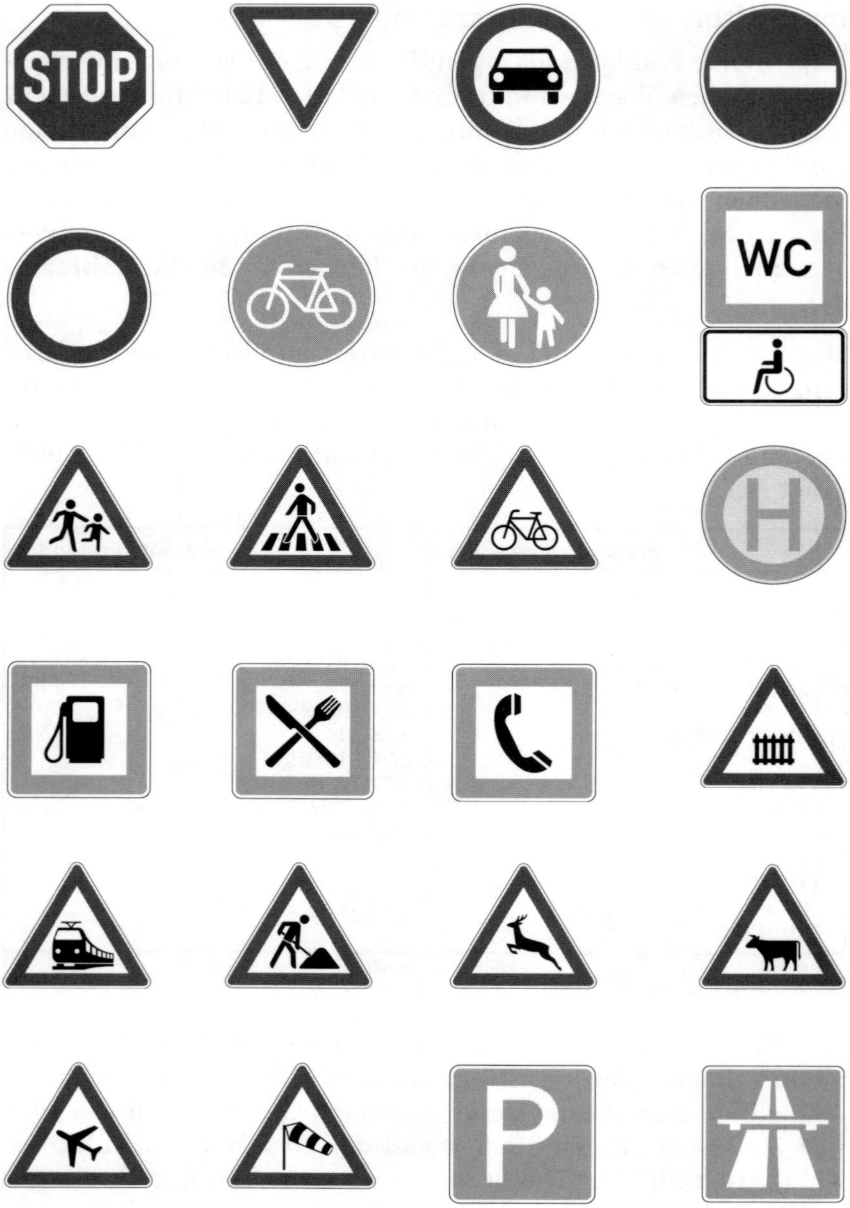

Abbildung 1a: Beispiele für Piktogramme

Umgang mit Zahlen

Für sehr viele Vorgänge des täglichen Lebens ist eine gewisse Fähigkeit im Umgang mit Zahlen notwendig. Das muß nicht ein differenziertes Verständnis für Mengen, aber wenigstens das Erfassen eines Zahlbegriffs sein. Mechanisches Zählen allein besagt hierüber nichts, denn es bedeutet manchmal nur, daß die Zahlwörter ausgesprochen werden können.

Für den Versuch, den Umgang mit Zahlen zu trainieren, kommt folgendes schematische Vorgehen in Frage (nach A. O. Ross, 1987):

1. Erkennen der Zahlen von 0 bis 10
2. Benennen der Zahlen von 0 bis 10
3. Zählen von Gegenständen von 11 bis 20
4. Erkennen der Zahlen von 11 bis 20
5. Nennen der Zahlen von 11 bis 20
6. Zählen der Zehner von 10 bis 100
7. Erkennen der Zahlen von 10 bis 100
8. Nennen der Zahlen von 10 bis 100

Da diese Liste der Übungsschritte insgesamt ziemlich anspruchsvoll ist, muß sie für die meisten Retardierten vereinfacht oder nur in ihrem Anfangsteil verwendet werden. Es bleibt der Phantasie des Therapeuten überlassen, sich aus dem Gebiet des Zahlenverständnisses für die Bedürfnisse jedes individuellen Behinderten das an Zahlenmaterial herauszusuchen, was sie oder er im täglichen Leben gebrauchen kann.

Erkennen der Uhrzeit

Zu einem gewissen Umgang mit der Zeit, d.h. mit Terminen sind selbst geistig Schwerbehinderte in der Lage. Sie gewöhnen sich an die zeitlichen Abläufe des Tages, wissen, wann es Essen gibt, wann man von ihnen erwartet, daß sie schlafen etc. Da sie aber keinen Begriff für Zahlen haben, erübrigt es sich wohl, sie mit der Uhr bekannt zu machen. Es kann aber m.E. nicht schaden, wenn man an ihrem Aufenthaltsort eine Uhr aufhängt, auf deren Zeigerstand man öfter hinweist. Für das Kennenlernen der Uhrzeit ist für alle Retardierten grundsätzlich die Uhr mit Zifferblatt am geeignetsten. Digitaluhren setzen die Kenntnis von Zahlen voraus; mit ihnen kann man auch nicht Zeiträume, etwa Viertelstunden vor oder nach der aktuellen Zeit plausibel ausdrücken.

Das Ziel des Trainings der Uhr sollte die Fähigkeit sein, auf dem Zifferblatt volle, halbe, Viertelstunden und 5-Minuten korrekt abzulesen und dabei zu verstehen, was diese Zeitspannen vor und nach der vollen und halben Stunde bedeuten. Gleichzeitig kann ein Zeitgefühl eingeübt werden: Etwa „in zehn Minuten kommt der Papa“.

Für den Umgang mit dem Retardierten im täglichen Leben ist es ein großer Gewinn, wenn man ihm Zeitbegriffe wie Morgen, Mittag und Abend sowie gestern, heute und morgen zum Erklären zukünftiger Ereignisse beibringen kann. Das kann auch ohne aktive Sprache funktionieren: Evtl. genügt es, wenn er oder sie die Bezeichnung der Tageszeit und der Uhrzeit versteht und das läßt sich auf einem Zifferblatt aus Pappe einüben.

Das Lernprogramm sieht etwa folgendermaßen aus: Der Idealfall ist ein nicht so stark Retardierter, der bis 30 zählen kann. Hier könnte man mit folgenden Lernschritten an Hand des Zifferblattes vorgehen.

1. Von 1 – 12 zählen
2. Diese Zahlen auf einzelnen Karten ablesen
3. Die Zahlen von 1 – 12 anordnen
4. Die Zahlen richtig auf dem leeren Zifferblatt anbringen
5. Erkennen des großen und kleinen Zeigers
6. Zeigen, in welcher Richtung sich die Zeiger bewegen
7. Kennenlernen der wichtigen Zeitspannen (5, 10, 15, 30 Minuten, halbe, ganze Stunden)
8. Lernen der Begriffe „vor“ und „nach“
9. Unterscheiden der Uhrzeiten am Tag und in der Nacht (evtl, 13 bis 24 Uhr)

Von diesem anspruchsvollen Programm werden die wenigsten Retardierten in der Lage sein, alle Schritte zu lernen. In den meisten Fällen wird man nur einzelne Elemente herausgreifen. So kann man auf dem Zifferblatt zunächst nur mit dem kleinen Zeiger und den vollen Stunden anfangen und erst später auf den großen Zeiger und die kürzeren Zeitspannen eingehen. In den Räumen, wo sich die oder der Retardierte aufhält, sollten große Zifferblatt-Uhren hängen oder stehen, auf deren Zeigerstand öfter hingewiesen wird.

Umgang mit Geld

Das Verständnis für Mengen und Zahlen ist bei vielen Retardierten wie gesagt gering. Ob es sich lohnt, sehr stark Behinderten den Umgang mit Zahlen beizubringen, muß im Einzelfall entschieden werden. Im täglichen Leben in der Familie oder im Heim ist Zahlenverständnis oft kaum erforderlich, da die Pflegepersonen dem Behinderten das alles ohnehin abnehmen müssen. Wer jedoch eine einigermaßen entwickelte aktive Sprache aufweist, wer sich auch öfter ohne direkt anwesende Betreuungsperson außerhalb des Hauses aufhält, mit dem sollte man ein gewisses Zahlenverständnis, einen groben Mengenbegriff und den Wert des Geldes einüben. Hier die Übungsschritte

1. Erkennen von Mengen in grober Einschätzung (viel, wenig. mehr, weniger)
2. Umgang mit Mengen im Bereich 1- 10 (wie viele Äpfel?)
3. Zählen im Bereich von 1 – 10, später bis 20 und die Zehner bis Hundert (30, 40, usw.)
4. Erkennen der Münzen: 1 Pf, 5 Pf. 10 Pf. usw. bis 5 Mark
5. Unterscheidung von Pfennig und Mark
6. Abschätzen von Mengen (silberne mehr, 5 mehr als 2 etc.)
7. Zusammenzählen von Münzen (10 + 50, 30 + 50, 2 Mark + 5 Mark etc.)
8. Üben des Einkaufens (Nennen des Preises, bezahlen. Wechselgeld herausgeben)
9. Preisschilder lesen

Von diesen Übungen wird man sich, je nach der geistigen Kapazität des Behinderten, evtl, nur einen Teil herausnehmen. Vielleicht ist schon eine gröbere Orientierung über das Geld von Vorteil, um sich einmal selbst ein Eis oder ähnliches zu kaufen. Bei dem vorgesehenen Programm kann man – gezielt! – Münzen als Belohnung einsetzen, und wenn sie sich als Belohnung bewährt haben, dazu übergehen, sie auch bei anderen Gelegenheiten als Verstärker zu gebrauchen.

Wenn der Umgang mit Geld einigermaßen klappt, kann man noch einige Zähl- und einfache Rechenübungen anschließen. Die konkrete Beschäftigung mit leicht zählbaren Gegenständen, eben den Münzen, ist gut zum Zählen- und Rechnenlernen geeignet und läßt sich als verhaltenstherapeutisches Programm gestalten.

Einkaufen

Im Zusammenhang mit dem Umgang mit Geld steht auch die Fähigkeit, für die Mutter oder eine andere Person oder für sich selbst einzukaufen. Das ist eine nützliche Tätigkeit für ein retardiertes Kind oder eine(n) Jugendliche(n). Denn es fördert einmal die Selbständigkeit und kann zusätzlich die Mutter entlasten. Ein entsprechendes Programm muß etwa folgendermaßen aussehen:

1. In einem Geschäft oder Supermarkt dem Kind/Jugendlichen das Aussuchen einiger Waren überlassen und mit ihm den Sinn des Kaufs und den Preis besprechen
2. An der Kasse das An-sich-Nehmen der Ware und das Bezahlen erläutern
3. Bei den nächsten Einkäufen dem Kind/Jugendlichen immer mehr Schritte selbst überlassen und die Mithilfe zurücknehmen
4. Für selbständiges Einkaufen in ein kleines Geschäft mitgehen und die Bekanntschaft mit Verkäufer(in) herstellen.
   Mit ihr (ihm) absprechen, daß demnächst Ware ohne Bezahlung ausgehändigt werden soll.
5. Besprechung des Auftrages zu Hause, der sich zunächst auf nur einen Gegenstand beschränken sollte
6. Aufschreiben des Auftrages auf einen Zettel für Verkäufer(in)

7. Unter Berücksichtigung des Straßenverkehrs Kind oder Jugendliche(n) in das Geschäft zum Kauf ohne Bezahlung schicken
8. Das gleiche mit Geld praktizieren. Zur Belohnung kann ein Teil der eingekauften Ware oder evtl Geld gegeben werden
9. Solche Einkäufe in kleineren Geschäften sollten allmählich zur Routine werden, durch die die oder der Retardierte zum wichtigen Mitglied des Haushaltes wird und dadurch Erfolgserlebnisse hat

Mitarbeit im Haushalt

Für Retardierte aller Altersstufen ist es gut, wenn sie je nach ihrem Vermögen so weit wie möglich in das tägliche Leben der Familie oder des Heims, in dem sie leben, integriert werden. Dazu gehört, daß sie nicht nur für sich selbst sorgen, sondern sich auch an den üblichen Arbeiten beteiligen. Das gibt ihnen das Gefühl der Zugehörigkeit und sorgt für Erfolgserlebnisse, die auch als Verstärker wirksam sind.

Am Anfang einer solchen Planung steht das Feststellen der hierzu erforderlichen körperlichen und geistigen Fähigkeiten, d.h. einer base line; denn man muß wissen, was man der oder dem Retardierten zumuten kann. Für die einfachsten Hausarbeiten bedarf es nur einer geringen geistigen Kompetenz und geringer Einsicht. Bei geistig Behinderten mit autistischer Symptomatik kommt die Neigung zu Ordungszwang dem Ausführen solcher Tätigkeiten eventuell entgegen.

Für die Planung und Ausführung von Hausarbeiten nach verhaltenstherapeutischen Gesichtspunkten ist eine sog. Job-Karte nützlich, die man z.B. in der Küche aufhängt. Auf ihr werden die in Frage kommenden Tätigkeiten aufgeführt und Erfolg oder Mißerfolg notiert.

1. Leeren des Papierkorbes
2. Tischdecken
3. Tisch nach der Mahlzeit abräumen
4. Einräumen der Spülmaschine
5. Leeren der Spülmaschine
6. Mithilfe beim Spülen von Hand
7. Wegbringen des Mülls
8. Ausfegen
9. Betätigung des Staubsaugers
10. Staubwischen
11. Reinigung des Fußbodens
12. Ein Bett machen
13. Leichte Arbeiten in der Küche wie Kartoffeln schälen
14. Wasser und Kaffee kochen
15. Kochen von Speisen, die auch als Belohnung eingesetzt werden können

Die Liste der Tätigkeiten im Haushalt kann natürlich beliebig variiert und vermehrt werden; und alles muß man in kleinen Schritten einüben. Wenn die oder der Retardierte den Sinn und die Nützlichkeit der verschiedenen Hausarbeiten versteht, so kann das jeweils vorher besprochen werden. Das ist aber kein Erfordernis, kann also auch ohne Einsicht praktiziert werden.

Spielen

In der geistigen Entwicklung zurückgebliebene Kinder und Jugendliche, aber auch ältere geistig Behinderte verbringen normalerweise einen Teil des Tages mit Tätigkeiten, die als Spiel zu bezeichnen sind. Auch die älter gewordenen Behinderten beschäftigen sich oft noch mit kindlichen Spielen. Das sollte man ihnen immer dann gestatten, wenn sie damit nicht bei irgendwelchen Partnern Anstoß erregen; zeigt ein solches Verhalten doch jedem Beobachter, daß der oder die Betreffende behindert ist, was man ihnen sonst vielleicht nicht anmerkt. Da Spielen eine wichtige Vorstufe für die verschiedensten, später differenzierten Tätigkeiten des Lebens ist, ist es zweckmäßig, Spielhandlungen aus den primitiven Stufen des einfachen Hin- und Herschiebens oder Wegwerfens von Material in einigermaßen sinnvolle Spielhandlungen hinüber zu führen.

Beim Spielen sollte man drei Kategorien unterscheiden:

1. Spielen allein
2. Spielen mit Partner
3. Spielen außer Haus

Diese Kategorien müssen nicht unbedingt von einander unterschieden und zeitlich getrennt geübt werden. Es vereinfacht aber die Planung, wenn man sie sich einzeln vornimmt. Für das Vorgehen sind folgende Schritte zu empfehlen:

1. Beurteilung der körperlichen Voraussetzungen für den Umgang mit Spielmaterial
2. Beurteilung der geistigen Kapazität für geplante Spiele
3. Auswahl des geeigneten Materials

4. Festlegen des Ortes, wo gespielt werden soll
5. Bestimmen des einen, später mehrerer Partner, mit denen gespielt werden soll
6. Auswahl des ersten, später weiterer Spiele
7. Vormachen des ausgewählten Spiels, z.B. mit Lego-Teilen
8. Gemeinsames Spiel mit dem Material.
9. Allmähliches Zurücknehmen der Mithilfe

Wie bereits früher gesagt wurde, spielen der Ort und die Situation, in der eine bestimmte Tätigkeit beherrscht wird, eine Rolle. Man muß also immer darauf achten, daß es zur Generalisierung kommt. Öfters hört man von Eltern, daß ihr Kind im Kindergarten Spiele ohne Schwierigkeiten spielt, mit denen es zu Hause scheinbar nicht fertig wird. Es ist deswegen erforderlich, das Spiel zu Hause erneut, am besten im Beisein einer aus dem Kindergarten bekannten Person einzuüben, um dadurch die Generalisierung zu erreichen.

Bei dem riesigen Angebot von Spielen würde es zu weit führen, auf einzelne einzugehen. Viele Firmen stellen sog. didaktische Spiele her. Sie müssen ganz individuell nach den Fähigkeiten, nach dem Geschmack des Spielers und dem eventuellen Nutzen ausgewählt werden. Sie sollen Spaß machen, die Geschicklichkeit fördern und die Möglichkeit bieten, auch als Gemeinschaftsspiel eingesetzt zu werden.

Grundvoraussetzungen für das Spielen

1. Das Kind folgt Anweisungen: öffnet und schließt Deckel und Türen
2. Es reiht Spielzeug auf Tisch und Fußboden auf
3. Es legt auf Anweisung Spielzeug von einem Platz zum anderen
4. Es sitzt bis zu 5 Minuten alleine
5. Es imitiert Gesten

Die folgende Liste gibt ein paar Beispiele von einigen ganz einfachen Spielen für stärker retardierte Kinder. (Diese Listen können bei der Verhaltensanalyse zum Aufstellen der „base line“ verwendet werden.)

Spielen alleine

1. Sitzt 5 – 10 Minuten unbeaufsichtigt
2. Steckt Ringe auf
3. Baut mit 3 Klötzen einen Turm
4. Baut mit 6 Klötzen einen Turm
5. Schüttet Wasser oder Körner von einem Behälter in einen anderen
6. Läßt Perlen in einen Behälter fallen
7. Fädelt Perlen auf
8. Schneidet Papier mit der Schere
9. Klebt Bilder

10. Kritzelt mit dem Bleistift auf Papier
11. Malt Figuren farbig aus (vorwiegend innerhalb der Linien)
12. Macht einfache zusammenhängende Puzzles
13. Macht zusammenhängende Puzzles von 7 – 15 Teilen
14. Macht zusammenhängende Puzzles von mehr als 16 Teilen
16. Macht einfaches Farb-Form-Lotto
17. Macht Lotto mit passenden Bildern
18. Spielt einfache Computer-Spiele

Fähigkeit zu gemeinsamem Spiel

1. Spielt Körner-Beutel-Werfen in einer Gruppe
2. Notiert bei dem gleichen Spiel das Ergebnis
3. Wirft und fängt mittelgroßen Ball aus 1 Meter Entfernung
4. Wirft und fängt kleinen Ball aus 1 Meter Entfernung
5. Wirft und fängt mittelgroßen Ball aus 3 Meter Entfernung
6. Wirft und fängt kleinen Ball aus 3 Meter Entfernung
7. Tritt Ball wie beim Fußball
8. Schlägt Ball wie beim Volleyball

9. Schlägt Ball mit Schläger
10. Malt mit anderen Kindern ein großes Bild
11. Arbeitet mit anderen Kindern mit Ton nach einem Plan
12. Spielt eine andere Person in einer Szene
13. Tanzt
14. Singt mit anderen Kindern
15. Spielt eine einfache Pantomime
16. Spielt mit anderen Kindern mit Kasperlpuppen oder Marionetten
17. Führt mit anderen Kindern eine Scherzszene auf

Tabelle 7: Liste von Spielen und deren Grundvoraussetzungen frei nach B.L. Baker & A.L. Brightman

Es ist immer zweckmäßig, zunächst mit dem Kind oder Jugendlichen allein eingeübte Spiele allmählich zum Gruppenspiel zu erweitern. Als erste zusätzliche Partner eignen sich am besten Geschwister oder andere Kinder, wenn der Altersunterschied nicht groß ist. Am Anfang stehen wahrscheinlich Ballspiele oder gemeinsame Spiele mit Puppen oder Stofftieren oder das Spielen von Familiensituationen. Die üblichen Gesellschaftsspiele (Mensch ärgere dich nicht, Quartett) sind für retardierte Kinder und Jugendliche weniger geeignet, Das gleiche gilt für Spiele mit richtigen Spielkarten (Skat usw.) und Brettspiele (Mühle, Dame, Schach). Ihre richtige Ausführung erfordert Konzentration über lange Zeit und ist den Behinderten wahrscheinlich zu langweilig. Sie haben auch für diese Personengruppe einen geringen didaktischen Wert.

Anders steht es mit Rollenspielen. Sie sind zur Einführung in manche soziale Situationen sehr zweckmäßig. Normale Kinder pflegen mit Geschwistern oder Freunden Familiensituationen zu imitieren und denken sich von alleine das Spiel „Mutter und Kind“ und ähnliches aus, was in der Realität oder mit Puppen gespielt wird. Retardierte brauchen dazu Anleitung; man muß mit ihnen besprechen, worauf es ankommt. Das können die Eltern, aber noch besser gleichaltrige Partner tun. Die Erwachsenen können überlegen, was für Situationen in Frage kommen und damit Anregungen geben. So können das behinderte Kind oder der Jugendliche in immer differenziertere Rollenspiele, schließlich in Theaterszenen und Pantomimen einbezogen werden. Dabei wird nur ein Teil verstehen, daß in der Imagination Gegenstände Personen darstellen, und was Symbole bedeuten. Alle Rollenspiele fördern das Sozialverhalten und die soziale Integration. Mit ihrer Hilfe läßt sich aber auch Fehlverhalten abbauen.

Sprache

Ein wichtiges Thema bei retardierten Kindern und Jugendlichen ist die Sprache. Auf diesem Gebiet haben die allermeisten, mindestens anfänglich Defizite. Die Sprachentwicklung setzt verspätet oder zunächst gar nicht ein. Es gibt leider eine Gruppe von schwer Behinderten, u.a. auch Autisten, die zeitlebens keine Sprechfähigkeit erwerben. Man sollte aber im frühen Stadium der Entwicklung auch bei diesen versuchen, Sprache anzubahnen. Es wird sich nach einigen Monaten der Sprachbehandlung herausstellen, ob wenigstens Sprachansätze zu erreichen sind, die man vielleicht später weiter entwickeln kann. M. E. ist die nicht so selten gestellte Diagnose „Spätentwickler“, wenn ein Kind nicht zu sprechen beginnt, mißlich. Es gibt zweifellos ganz normale Kinder, die erst nach dem 4. Lebensjahr zu sprechen beginnen. Meist findet man etwas derartiges in den entsprechenden Familien gehäuft. Wenn aber andere Verzögerungen in der Entwicklung gleichzeitig beobachtet werden, so ist das Ausbleiben der Sprache ein ernst zu nehmender Hinweis auf eine drohende geistige Behinderung. In diesem Falle sollte der Versuch der Sprachanbahnung möglichst früh, d.h. zwischen dem 3. und 4. Lebensjahr, einsetzen.

Bei den Sprachdefiziten muß man grundsätzlich zwischen expressiver Sprache, d.h. der Fähigkeit, sich mit Wörtern auszudrücken, und der passiven Sprache, dem Verständnis gesprochener Sprache unterscheiden. Ein Mensch, dem das Sprachverständnis fehlt – man nennt das medizinisch sensorische Aphasie – kann auch nicht aktiv sprechen lernen.

Sprachtherapie kann man in 3 verschiedene Maßnahmenkomplexe einteilen: 1. Sprachanbahnung, 2. Weiterentwicklung vorhandener Sprachansätze und 3. Korrektur unvollkommener Sprache wie gestörter Artikulation, Stottern, Agrammatismus (Unvermögen, grammatisch richtig zu sprechen) u.ä.

Bei retardierten Kindern und geistig Behinderten allgemein stehen die beiden ersten Maßnahmen im Vordergrund. Andererseits zeigen viele, die an sich sprechen können, Probleme mit der Aussprache; sehr viele sprechen undeutlich (schlechte Artikulation), aber auch andere Sprachfehler wie Stottern, Lispeln und Stammeln kommen vor. Auch mit der Satzbildung und der Grammatik haben sie Probleme. Die letztgenannten Störungen sind. die Domäne der Logopädinnen und Logopäden, die auf diesem Gebiet manche therapeutischen Spezialmethoden entwickelt haben.

Wenden wir uns zunächst der Sprachanbahnung zu. Eine lerntheoretisch konzipierte Therapie könnte nach folgendem Plan vorgehen:

1. Analyse der sinnesphysiologischen Voraussetzungen für die Sprachentwicklung (intaktes, oder für das Wortverständnis ausreichendes Gehör)
2. Analyse der motorischen Voraussetzungen für die Wortbildung (Funktionsfähigkeit von Lippen, Zunge und Kehlkopf)
3. Analyse der bisherigen, vorsprachlichen Ausdruckslaute (Töne, die Vokalen und Konsonanten ähneln)
4. Prüfung der Fähigkeit, zu imitieren und Förderung dieser Fähigkeit, zunächst durch Nachmachen von allgemeinen Körperbewegungen (in den Hände klatschen etc.), evtl. unter Zuhilfenahme eines Spiegels
5. Förderung der Imitation im Mundbereich (Spitzen der Lippen, Pusten etc.)
6. Trainieren des Wortverständnisses, zunächst durch häufiges Benennen einzelner Gegenstände und Personen, aber auch Tätigkeiten, dann durch Aufforderung zu Handlungen
7. Bei einigermaßen entwickeltem Wortverständnis: Nachsprechen einzelner einfacher Wörter (am besten in Spielsituationen)

8. Aufforderung zum Benennen von Personen und Bildern auf Karten

9. Ganz langsame Erweiterung sowohl des Wortverständnisses als auch des aktiven Wortschatzes an veränderten Orten und in anderen Situationen (Generalisierung)

10. Allmählicher Übergang zum Bilden von kleinen Sätzen (2 und mehr Wörter)

11. Später vorsichtige Korrektur grammatischer Fehler

Von einem derartigen Programm können je nach den individuellen Gegebenheiten einzelne Schritte weggelassen werden. Eine so geplante und konsequent durchgeführte Sprachanbahnung wird sich über viele Monate erstrecken. Wenn man die eventuellen Fortschritte mit base-line-Kontrollen nach zwei bis drei Monaten und eventuell später kontrolliert, wird sich herausstellen, ob eine Sprachanbahnung überhaupt Aussicht auf Erfolg hat. Der Versuch einer derartigen Sprachanbahnung jenseits des 4. bis 5. Lebensjahres sollte bei jedem zunächst mutistischen, d.h sprachlosen Kind unternommen werden, um ihm die Chance zu geben, über die Sprache mit seiner Umwelt zu kommunizieren. Man kann jedoch nicht die Augen davor verschließen, daß es geistig Behinderte gibt, die niemals sprechen lernen. Bei ihnen sollte man sich bemühen, die Kommunikationsfähigkeit auf andere Weise zu entwickeln und zu fördern.

Für den Fall des bleibenden Mutismus steht noch eine andere Möglichkeit der Kommunikation mit Partnern zur Verfügung, diejenige über die Gebärdensprache. Da wo die Gehirnzentren, die für den Spracherwerb notwendig sind, ungenügend entwickelt sind (Aphasie), aber auch bei Menschen mit Schwer- oder Gehörlosigkeit ist es durchaus möglich, daß geistig Behinderte

Gebärdensprache lernen. Entsprechende Techniken wurden in der Gehörlosenpädagogik entwickelt und zu großer Vollkommenheit ausgearbeitet. Für geistig retardierte Menschen wird es meist genügen, sie in die Grundzüge dieser Methode einzuführen. Dabei ist es natürlich notwendig, daß sich Eltern, Betreuer und evtl. andere Personen in der Gebärdensprache ausbilden, um mit dem Behinderten kommunizieren zu können. Für das verhaltenstherapeutische Training der Gebärdensprache wird man ein vereinfachtes Programm, ähnlich wie das zur verbalen Sprachanbahnung benutzen.

Für die Sprachanbahnung stehen auch Computer-Programme zur Verfügung. Ein solches in deutscher Sprache hat Vera Bernard-Opitz 1988 entwickelt.

Retardierte Kinder und Jugendliche, die einige Sprachkenntnisse haben, sollten, wenn irgend möglich, auch dahin gebracht werden, außerhalb der Wohnung Verkehrszeichen (S. 50) und einige Inschriften zu lesen. Das können Mütter und Betreuerinnen einüben, auch wenn die Kinder in der Sonderschule nicht lesen und schreiben gelernt haben. Dazu gehört selbstverständlich auch das Beachten der Farben an den Verkehrsampeln. Bei Ausgängen in die Stadt kann immer mal wieder auf das eine oder andere Schild aufmerksam gemacht und der Erfolg beim nächsten Wiedererkennen eventuell mit einem Token-System belohnt werden.

Die Listen S. 49/50 geben eine Zusammenstellung, die Behinderte, mindestens zum Teil verstehen sollten. Dazu kommen noch die üblichen Verkehrsschilder und Piktogramme, die man auf Bahnhöfen und in anderen öffentlichen Gebäuden antrifft.

Gruppenfähigkeit

Manche retardierte Kinder und Jugendliche – dies gilt besonders für solche mit autistischer Symptomatik – könnten in einer Sonderschule für Lernbehinderte oder in einer Regelschule – evtl. in einer integrativen Klasse – ohne weiteres pädagogisch gefördert werden, wenn sie in der Lage wären, in Gemeinschaft mit vielen Kindern, d.h. bei einer Klassengröße von 12 bis 30 oder mehr Kindern, am Unterricht teilzunehmen. Es fehlt ihnen aber vielfach, unabhängig von ihrer geistigen Kapazität, an der notwendigen Gruppenfähigkeit. Viele Versuche der Einschulung scheitern an mangelnder Gruppenfähigkeit. Das bedeutet manchmal, daß diese Kinder in einer Sonderschule für Geistig-Behinderte unterrichtet werden, in der sie evtl. intellektuell unterfordert sind. Da die Beschulung in einer Lernbehinderten-Schule immerhin den Weg zu einem Hauptschulabschluß offen läßt, bietet man diesen Kindern eine mögliche Chance, wenn sie lernen, zusammen mit einer etwas größeren Zahl von Mitschülern am Unterricht teilzunehmen.

Bei einer solchen Problematik kann eine systematische verhaltenstherapeutische Förderung vor der Einschulung nützlich sein. Einen Mangel an Gruppenfähigkeit wird man bereits im Kindergarten bemerken. Es gilt also, die Aufmerksamkeit und das Handeln in einer Kindergruppe in kleinen Schritten einzuüben. Dazu sind folgende Schritte erforderlich:

1. Analyse des Verhaltens in der Kindergarten-Gruppe
2. Aufbau des Arbeitsverhaltens mit **einem** Erwachsenen

   A. Ruhiges Sitzen am Tisch, zunächst für wenige Minuten mit allmählicher Steigerung bei spielerischen Aufgaben

   C. Training der Aufmerksamkeit

D. Allmählicher Übergang zu Aufgaben, die dem schulischen Lernen ähneln

3. Wecken des Interesses und der Motivation für die bevorstehende Einschulung und Erklärung der zu erwartenden Vorgänge

4. Hinzunehmen von zunächst einem, dann mehreren Kindern in einer Situation, die dem Klassenzimmer ähnelt

Für alle diese Übungsschritte ist ein an den individuellen Gegebenheiten orientierter Übungsplan erforderlich, in dem überlegt wird, welche Verstärker, wahrscheinlich nach einem Token-System, in Frage kommen und wie die Modellfunktion der anderen Kinder (welche Kinder hierfür geeignet sind und ob sie evtl. mitverstärkt werden sollen) aufgebaut werden kann.

Intellektuelle Förderung

Die intellektuelle Förderung retardierter Menschen aller Altersstufen sollte eigentlich den Schwerpunkt der in diesem Buch abgehandelten Ausführungen sein. Wie sich gezeigt hat, setzt sich die geistige Behinderung aus so vielen Facetten zusammen, daß es sich gelohnt hat, eine Menge anderer mit ihr verbundener Defizite zunächst zu besprechen. Bei den Schwerbehinderten ging es darum, anfangs einzelne, z.T. primitive Verhaltensweisen aufzubauen. Bei den etwas weiter intellektuell Fortgeschrittenen müssen zuerst einmal die üblichen Fähigkeiten der Selbständigkeit und des Benehmens entwickelt werden. Schließlich muß die Motivation, die Aufmerksamkeit, die Bereitschaft zu handeln und ein gewisses Arbeitsverhalten vorhanden sein, wenn mit dem Lernen von Schulstoff, etwa den sog. Kulturtechniken, begonnen werden soll.

Bevor man an diese Probleme herangeht, muß überlegt werden, welche Vorteile die verschiedenen intellektuellen Fähigkeiten für die oder den Retardierte(n) haben. Können diese in **ihrem** täglichen Leben etwas mit bestimmten mathematischen Operationen wie dem Einmaleins anfangen? Wie weit sollte man sie im Lesen und Schreiben ausbilden, wenn doch nie zu erwarten ist, daß sie Bücher oder Zeitschriften lesen, und sie sich noch nicht einmal selbst anziehen können? Oft werden qualvolle Schulversuche unternommen, weil Eltern die geistige Kapazität ihres Kindes überschätzen. Hier, wie bei anderen Gelegenheiten, geht es um das Wohl und die Zukunft des Kindes und nicht um eventuell übertriebene Erwartungen der Eltern. Bei jeder Therapie im Sinne einer intellektuellen Förderung muß also am Anfang ein genauer Plan der Ziele stehen:

1. Welche geistigen Fähigkeiten könnten für diese(n) Retardierte(n) in ihrem/ seinem zukünftigen Leben nützlich sein?

A. Vorwiegend praktische Dinge (Handwerkliches, Kochen, Putzen etc.)

B. Praktisches Lebenswissen (Verständnis von Erzählungen; über Ereignisse mündlich berichten; Kenntnisse über die Familiensituation, Kenntnisse von Tagesereignissen und deren Bedeutung etc.)

C. Vermitteln von einfachem Schulwissen (Uhrzeit, Wochentage, Jahreszeiten, Vergangenheit, Zukunft, einfache religiöse Kenntnisse, Moralbegriffe etc.)

D. Lernen von Mengenbegriffen, Umgang mit Geld, Schreiben und Lesen einzelner Buchstaben

E. Weiteres Lernen der Kulturtechniken und anderen Schulstoffs

2. Wann und in welcher Altersstufe soll mit dem Lernen dieser Fähigkeiten begonnen werden?

3. Wo und durch wen sollen diese Lernvorgänge in Angriff genommen werden (durch die Mutter oder eine professionelle Hilfsperson zu Hause, durch (Sonder)-Pädagogen in der – Schule)

Die Entscheidung über diese Lernziele muß zwischen den Eltern und allen eventuell sonst Beteiligten überlegt und abgesprochen werden. Ist dies geschehen, kann das eigentliche verhaltenstherapeutische Programm (Verstärker, Modelle etc.) konzipiert werden.

Demenz

Unter geistiger Behinderung versteht man im Allgemeinen nur die mangelnde Ausbildung und Entwicklung geistiger Fähigkeiten. Im menschlichen Leben kann sich aber auch das Umgekehrte ereignen: Ein Mensch entwickelt in der Kindheit und Jugend normale oder sogar überdurchschnittliche geistige Fähigkeiten, übt sie auch über Jahrzehnte aus und verliert einen Teil seiner Intelligenz im fortgeschrittenen Alter wieder. Diesen Vorgang nennt man im medizinischen Sprachgebrauch Demenz. Solche Zustände sind nicht so selten; heute ist das Schlagwort „Alzheimer" in aller Munde. Darunter versteht man den starken Rückgang vieler geistiger Fähigkeiten, meist jenseits des fünfzigsten Lebensjahres

Solche Demenzzustände können verschiedene Ursachen haben. Oft ist es die spezifische als „Alzheimer" bezeichnete Gehirnkrankheit, manchmal auch eine Arteriosklerose (Verkalkung) der Blutgefäße des Gehirns oder eine erbliche Schrumpfung von Gehirnsubstanz. Im Vordergrund demenzieller Zustände stehen Störungen des Gedächtnisses, eventuell auch der Orientierung in Zeit und Raum.

Auch bei normalen Menschen läßt die Erinnerungsfähigkeit mit fortschreitendem Alter nach. Das gilt besonders für das sog. Kurzgedächtnis. Die betreffende Person hat nach wenigen Minuten schon wieder vergessen, was sie gerade tun wollte. Wenn man das als krankhafte Demenz bezeichnet, so nimmt es schwerwiegende Formen an. Der Patient kann zwar von seiner Jugend erzählen, hat aber vergessen, wohin er gerade gegangen ist, welche Tageszeit es ist und dergleichen. Er hat also, mindestens z.T. die örtliche und zeitliche Orientierung verloren.

Solche Menschen bereiten ihren Angehörigen, wenn sie zu Hause leben, große Schwierigkeiten, sind aber auch in Altersheimen für das Personal manchmal schwer tragbar. Hinzu kommen juristische Probleme (Bestellung eines Betreuers). Vielfach herrscht die Ansicht, auf solche Demenzzustände könne man therapeutisch kaum oder nur durch – meist ruhigstellende Medikamente – Einfluß nehmen. Durch lerntheoretisch begründete Maßnahmen kann man aber auch diesen Menschen und auch denen, mit denen sie zusammen leben, helfen. Auch ältere Menschen und sogar Demente können, wenn auch in beschränktem Umfang lernen, mit ihren geistigen Störungen besser fertig zu werden. Ein diesbezügliches Programm kann wie folgt aussehen:

1. Medizinische Diagnostik des Demenzzustandes
2. Analyse der Störungen
   a. Mängel des Frischgedächtnisses
   b. Mängel der Orientierung (zeitlich, örtlich, zur Person)
   c. Tageszeitlicher Ablauf der Störungen (Höhepunkt in den Abend- und Nachtstunden ?)
3. Analyse der örtlichen und situativen Gegebenheiten (in der Familie, im Heim oder im Bekanntenkreis)
4. Überlegungen, was als Verstärker eingesetzt werden könnte
5. Schaffen einer für den Dementen günstigeren Situation, auch der Räumlichkeiten; nicht zu viele Reize in den Zimmern, sich automatisch öffnende Türen
6. Freundliches Eingehen auf Erzählungen aus der Vergangenheit
7. Hinweghelfen über Gedächtnislücken durch kommentarloses Erinnern
8. Schriftliche, gut lesbare Pläne für notwendige Verrichtungen im Tageslauf, die eventuell im Zimmer aufgehängt werden. Wenn möglich, Aufforderung, Notizen zu machen

9. Ruhiger Umgang und langsames, deutliches Sprechen
10. Training des Gedächtnisses durch Lernen von Gedichten oder Sprüchen
11. Förderung geistiger Beschäftigung (entsprechende Spiele. Patiencen legen o.ä. und evtl. gemeinsame Kartenspiele, zu denen das Merken von Karten gehört)
12. Hilfen für die zeitliche Orientierung (Hinhängen einer Uhr mit großem Zifferblatt, eines täglich abreißbaren Kalenders)
13. Herumführen im Haus und seiner Umgebung mit häufigem Erklären der Örtlichkeiten, auch des Wohnortes
14. Die Konfrontation mit den Mängeln des Gedächtnisses ist zu vermeiden, um den Patienten nicht zu brüskieren. Das, was er weiß, muß durch freundliche Zuwendung verstärkt werden

Bei den hier vorgeschlagenen Behandlungsschritten geht es darum, die störenden Mängel durch eine Veränderung der äußeren Bedingungen, durch Verstärken positiver Verhaltensweisen und üben nützlicher Handlungen in den Griff zu bekommen. Die Situationsveränderung kann aus verhaltenstherapeutischer Sicht als Diskriminationslernen aufgefaßt werden; es wird nämlich die Reizkonstellation im positiven Sinne verändert.

Bezüglich der Verstärkung von älteren dementen Patienten gibt es Untersuchungen, die nachweisen, daß jüngere attraktive Frauen als Betreuerinnen als Verstärker, zumindest bei männlichen Personen, einen positiven Effekt haben (Schaefer & Martin). Es wurde deshalb empfohlen, daß diese Betreuerinnen, die dementen Männer nicht beachten sollten, wenn sie sich stumpf und inaktiv verhalten, und sich freundlich mit ihnen zu beschäftigen, wenn sie sich mit erwünschten Aktivitäten abgeben. Auch bei diesen Patienten kann ein schriftlicher Behandlungsplan mit verschiedenen möglichen Verstärkern angewandt werden.

Mit der Behandlung von Dementen, wohl vorwiegend Alzheimer-Patienten, hat sich in der letzten Zeit ein Ärzteteam um M. Hofmann (1995) beschäftigt. In ihrem Programm werden Gedächtnislücken systematisch durch Bilder aus der Vergangenheit aufgefrischt. Man benutzt z.B. alte Fotoalben der Familie, in denen die Vergangenheit eindrucksvoll mit dem Patienten durchgearbeitet werden können. Dazu werden gerade die Bereiche ausgewählt, wo es mit der Erinnerung am meisten hapert.

Durch die geschilderten verhaltenstherapeutischen Programme läßt sich eine fortschreitende Gehirnkrankheit wie das Alzheimer-Syndrom selbstverständlich nicht heilen. Man wird auf die Dauer mit schwerem geistigen Abbau und auch mit zunehmenden körperlichen Störungen rechnen müssen. Derartige Behandlungsmaßnahmen können aber in den Anfangsstadien sowohl dem Betroffenen als auch den mit ihm lebenden Partnern das Leben erleichtern.

Behandlung von Verhaltensexzessen

Das eigentlich Charakteristische bei retardierten Kindern und geistig behinderten Menschen sind ihre Mängel im intellektuellem Bereich, aber auch in der sonstigen Entwicklung. Was man durch Methoden der Verhaltensmodifikation tun kann und wie Fortschritte zu erzielen sind, war Gegenstand der bisherigen Kapitel dieses Buches. Wer solche Menschen kennt, weiß, daß darüber hinaus bei sehr vielen Retardierten Verhaltensweisen mehr oder weniger häufig vorkommen, die unzweckmäßig, unerwünscht oder sogar bedrohlich sind.

Bei solchen Exzessen muß unterschieden werden, für wen sie sich negativ auswirken. Beeinträchtigen sie den Betroffenen selbst oder sind sie nur für seine Umwelt lästig oder sogar unerträglich? Häufig ist beides der Fall. Deswegen sollte bei jeder Planung einer Therapie zunächst überlegt werden, was überwiegt, wer ist am meisten beeinträchtigt; welche Verhaltensexzesse kann man hinnehmen und welche sollen in welcher Reihenfolge angegangen werden. Ein Jugendlicher, der sich fast ständig selbst beschädigt, muß unbedingt behandelt werden, damit aus seinen Verletzungen und Wunden nicht evtl. schwere Infektionen entstehen. Wenn sich aber ein Kind bei einem Wutausbruch manchmal gegen den Kopf schlägt, so besteht kein Grund außer gewissen pädagogischen Maßnahmen eine Therapie einzuleiten.

Bei allen Verhaltensexzessen , auf die man Einfluß nehmen will, muß man zunächst versuchen, abzuklären, welchen Grund oder welche Gründe sie haben. Wenn z.B. ein kleines Kind laut schreit, könnte das durch Kopfschmerzen begründet sein, über die es nur durch Schreien Auskunft an seine Partner geben kann, da ihm die sprachliche Kompetenz, das auszudrücken, noch fehlt. In diesem Fall wäre Verhaltenstherapie der falsche Ansatz. Für Schreien gibt es aber noch eine Reihe von anderen Begründungen, nämlich 1. auf sich aufmerksam machen („ich bin auch da"), 2. Freude an lauten Tönen, 3. Angst vor einer neuen oder drohenden Situation, 4. Erschrecken, 5. gewohnheitsmäßiges Lautsein bei Bewegungsspielen. Diese Gründe zu eruieren, ist natürlich nicht so einfach und oft nur möglich, wenn man das Kind genau kennt und es in verschiedenen Situationen des täglichen Lebens beobachtet hat. So können auch mehrere der genannten Gründe gleichzeitig oder sich voneinander ablösend die Ursache des Schreiens sein.

Diese Suche nach den Ursachen ist für die Behandlung aller Verhaltensexzesse wichtig, die im Folgenden als für geistig Behinderte typisch beschrieben werden sollen. Das gilt aber auch für die Erziehungsvorgänge normaler Kinder. Wenn man sich darüber Gedanken gemacht hat, wie ein bestimmtes Fehlverhalten, etwas, was die Mutter unheimlich nervt, zustande kommt, wird man auch Wege finden, es einzuschränken oder ganz abzustellen. Wenn z.B. eine Angst machende Situation regelmäßig Schreien auslöst, kann man solche Situationen zunächst vermeiden und das Kind später allmählich, in kleinen Schritten an ähnliche Situationen heranführen und die Angst damit abbauen.

Unruhe

Geistig Behinderte wurden in der alten Psychiatrie bezüglich ihrer Affektivität in apathische (stumpfe) und erethische (erregbare, gereizte) Oligophrene eingeteilt. Damit beschrieb man einigermaßen typische Verhaltensmuster, die sich aber nur auf die sich äußerlich darstellenden Affekte beziehen und sonst nichts aussagen. Die Apathie ist als Defizit anzusehen. Entsprechende Behandlungsmaßnahmen zur Aktivierung auf verschiedenen Gebieten wurden früher angegeben.

Die Unruhe retardierter Kinder und Jugendlicher ist nicht nur lästig für diejenigen, die mit ihnen umgehen müssen, sondern hindert sie selbst auch, an vielen Aktivitäten teilzunehmen. Wenn man also hier eine Verhaltensanalyse vornimmt, so müssen diese beiden Gesichtspunkte berücksichtigt werden. Es steht jedenfalls fest, daß man für die meisten Lernvorgänge, die man einleiten will, einen Schüler braucht, mit dem man sich eine Weile ruhig beschäftigen kann.

Für die Verhaltensanalyse der Unruhe kann man sich des ABC-Schemas bedienen, das bei der Beschreibung der Grundbegriffe unter dem Stichwort „Verhaltensbeobachtung“ (S.25) erläutert wurde.

1. Beobachtung der Art der Unruhe : Ständiges Umherlaufen, immer wieder vom Stuhl aufstehen, ununterbrochenes Reden, ständig wechselnde Tätigkeiten etc.
2. Feststellen der örtlichen Bedingungen: Das Zimmer (wie ist dessen Ausstattung?), irgend ein anderer Raum, im Freien,
3. Die zeitlichen Begleitumstände: Die Tageszeit, die Dauer der Unruhe
4. Die personellen Begleitumstände: Kind ist allein, welche Person(en) sind anwesend, wenn es besonders unruhig ist?
5. Was ist der Unruhe vorhergegangen? Wie hat das Kind geschlafen? Was hat es vorher getan? Hat es bestimmte Medikamente eingenommen? Weiß es, daß bestimmte Handlungen seiner Unruhe unerwünscht sind?
6. Wodurch wird das unruhige Verhalten eventuell noch verstärkt? Durch einen Partner (Bruder?), der darüber lacht oder balgen will; durch die selbst unruhige Mutter als Modell
7. Wer ist durch die Unruhe am meisten beeinträchtigt: Das Kind selbst, die Personen seiner Umgebung
8. Wie würde sich die Verringerung der Unruhe auswirken? Positivere Atmosphäre zu Hause oder im Heim; bessere Leistungen bei Spiel und Arbeit; weniger Auffallen bei Fremden.

Wenn man nun einen entsprechenden Behandlungsplan aufstellt, wird man alle diese Gesichtspunkte berücksichtigen. Die kognitiven Aspekte werden bei vielen Retardierten eine untergeordnete Rolle spielen; dennoch sollte man stets versuchen, zu Beginn den Sinn und das eventuelle Vorgehen mit einfachen Worten zu erklären. **Eine** verhaltenstherapeutische Maßnahme ist es, unruhiges Verhalten dadurch zu beeinflussen, daß man andere Handlungen verstärkt, d.h. mit Unruhe inkompatible Aktivitäten belohnt: Wer einigermaßen konzentriert mit einem Spiel beschäftigt ist, das Freude macht, kann nicht gleichzeitig umherlaufen.

Um mit Unruhe inkompatibles Verhalten zu verstärken, kann man sich auch des Computers bedienen. Die Beschäftigung mit einem Computerspiel, oder bei stark Behinderten auch nur das Hervorbringen von Bildern durch Tastendruck, macht so viel Spaß, daß der Betreffende sich zumindest eine Weile ruhig verhält. Das kann dann in kleinen Schritten verlängert werden.

Es gilt also, ein erwünschtes Ersatzverhalten aufzubauen, das zielgerichtet und konstruktiv ist. Dazu kann man ein Token-Programm benutzen, bei dem mit einer entsprechenden Liste ruhige Zeiten – zunächst von kurzer, später von immer längerer Dauer – vermerkt und belohnt werden. Dabei sollte einfaches Stillsitzen ohne Beschäftigung nicht verstärkt werden. Wichtig ist noch, daß der Erwachsene selbst sich ganz ruhig verhält und damit als positives Modell dient, daß er oder sie ganz ruhig und betont langsam spricht. Man kann das Kind auch auffordern, etwa beim Vorlesen oder Erzählen einer Geschichte, Sätze langsam nachzusprechen; auch gemeinsames langsames Singen ist dazu geeignet, Ruhe und Konzentration zu fördern. Ein solches Vorgehen eignet sich auch für Kinder und Jugendliche, die ihre Umgebung durch ständiges Sprechen „nerven". Schimpfen oder das Bestrafen sowie die Androhung von Strafen sind ganz ungeeignete Mittel, zur Beruhigung beizutragen. Erziehende Personen müssen auch daran denken, daß manche Kinder bestimmte unruhige und laute Verhaltensweisen zur Provokation einsetzen. Das hieße, daß man seinen Unwillen oder Ärger keinesfalls zeigen darf.

Bei sehr unruhigen Retardierten wird ein derartiges Behandlungsprogramm nicht ausreichen, um die Unruhe wirkungsvoll zu bekämpfen. Man wird sich hier zweckmäßigerweise zusätzlich zu der Verhaltenstherapie eines beruhigenden Medikaments bedienen. Dazu gibt es eine ganze Reihe von Mitteln, die bei richtiger – möglichst geringer, aber doch wirksamer – Dosierung auch über längere Zeit gegeben werden können. In besonders schweren Fällen ist die medikamentöse Therapie das kleinere Übel und ist notwendig, um den oder die Retardierte(n) für das häusliche Leben und für das Lernen mit ihr oder ihm überhaupt erst möglich zu machen. Das Medikament allein hat meist nicht den gewünschten Effekt oder führt bei falscher Dosierung zu Apathie und damit zu Unzugänglichkeit. Erst durch die Kombination von Verhaltenstherapie und Medikamentgabe wird ein befriedigender Effekt erzielt.

Selbststimulation

Etliche geistig Behinderte, vor allem die mit autistischer Symptomatik, neigen dazu sich selbst zu stimulieren. Sie tun dies auf verschiedene Weise, indem sie sich alle möglichen Sinnesreize zufügen. Eine Art der Selbststimulation ist z.B. das sich Wiegen oder Schaukeln, Damit wird das Gleichgewichtsorgan kontinuierlich gereizt, was auch bei ganz normalen Menschen einen lustvollen Effekt hat. Andere – optische – Selbststimulationen sind das Bewegen der Finger vor den Augen, aber auch Augenbohren oder – akustisch – das Erzeugen von Geräuschen neben den Ohren. Schließlich werden auf taktilem Gebiet alle möglichen Hautreize – auch Onanieren gehört zur Selbststimulation – bis zur sog. Autoaggression beobachtet.

Jede sehr häufig auftretende Selbststimulation nimmt die oder den Behinderte(n) über lange Zeit gefangen, hindert sie, in dieser Zeit etwas sinnvolles zu tun und kann auch zu Körperschädigungen führen. Hinzu kommt, daß der Anblick eines Menschen, der sich ständig in der gleichen Weise mit seinem Körper beschäftigt, etwas Unerfreuliches ist.

Es ist deswegen zweckmäßig, Selbststimulation therapeutisch anzugehen. Die Grundprinzipien für ein solches verhaltenstherapeutisches Vorgehen sind in Tabelle 8 zusammengefaßt. Dazu ist zu sagen, daß ein gewisses Maß an Selbststimulation bei einem Behinderten sicher hingenommen werden kann und deswegen nicht behandelt zu werden braucht. Das ist nur dann zweckmäßig, wenn notwendige andere Aktivitäten zu kurz kommen, wenn gar zu viel Zeit mit Selbststimulation verbracht wird und wenn diese zu Wunden oder sonstigen Körperschäden führt.

Behandlungsziel	**Behandlungseffekt**
Verminderung der Dauer der Verstärkung an sich, die durch irgendeine Gelegenheit zur Stimulatation gegeben wird	Der Therapeut unterbricht sofort jedes Aufreten von Stimulation, die beobachtet wird
Vermeiden jedes Auftretens von Selbststimulation und des daraus folgenden Stärkerwerdens dieses Verhaltens	Selbststimulation wird körperlich verhindert, wobei der Therapeut das Kind manuell durch das Überlernen führt
Führen Sie unangenehme Konsequenzen für jedes Auftreten von Selbststimulation herbei, um sie zu verringern	Unangenehme Folgen für die Selbststimulation entstehen durch die Anstrengung beim Überlernen und davon, manuell geführt zu werden
Bringen Sie außengesteuerte Aktivitäten bei, die an Stelle der Selbststimulation treten können	Die außengesteuerten Aktivitäten werden durch manuelle Führung und Instruktion beigebracht
Sorgen Sie für eine Atmosphäre, die eine große Häufigkeit von positiven Verstärkern garantiert, um außengesteuerte Aktivitäten fortzusetzenn	Eine an positiven Verstärkern reiche Atmosphäre zu Hause und in der Einrichtung fördert außengesteuerte Aktivitäten
Verändern Sie taktile, propriozeptive, visuelle, Geschmacks- und andere Wahrnehmungen der Selbststimulation, denn diese sorgen vermutlich für ihren verstärkenden Wert	Die gewöhnlichen Bewegungen, Haltungen und Geschmackserfahrungen, die mit der Selbststimulation verbunden sind, verändern die körperlichen Gefühle natürlicherweise

Behandlungsziel	Behandlungseffekt
Sorgen Sie für negative Verstärkung (Unterbrechung von Unannehmlichkeit) zusätzlich zur positiven Verstärkung für außengesteuerte Aktivitäten, da positive Verstärkung allein nicht zu genügen scheint	Wenden Sie negative Verstärkung für außengesteuertes Verhalten an, wenn das Kind sich spontan bewegt oder dem Therapeuten zuwendet, um dadurch der Unnannehmlichkeit der manuellen Führung zu entgehen

Tabelle 8: Zusammenfassung der Grundprinzipien für das Training der Selbststimulation durch Überlernen (nach Foxx & Azrin, 1973)

Aggressives Verhalten

Gewisse aggressive Verhaltensweisen gehören zu Menschen jeden Alters. Sie haben in der letzten Zeit bei Kindern und Jugendlichen offenbar zugenommen und stören das Zusammenleben. Wenn hier von solchen Handlungen und dem Versuch ihrer Eindämmung bei geistig Behinderten die Rede ist, so ist wie bei anderen Verhaltensexzessen zunächst eine genaue Analyse erforderlich.

1. Wie sieht das aggressive Verhalten aus?

   Werfen mit oder Zerstören von Gegenständen, Angriff auf andere Person (gleichaltrig oder erwachsen) mit Händen, Füssen oder mit einem Gegenstand, Zerreißen eigener oder der Kleider anderer Personen, Schlagen, Treten, Schubsen, Kratzen. an den Haaren Ziehen bei anderen Personen, Zerstören von Mobiliar

2. Gegen wen richtet sich die Aggression? Gegen Kinder, Jugendliche. Geschwister, mehr gegen Erwachsene (Mutter, Vater, andere Familienangehörige, bekannte, unbekannte andere Personen, mehr weiblich, mehr männlich)

3. Wo passiert die Aggression?

a) Im freien; auf dem Spielplatz, Schulplatz, Sportplatz, im Garten, beim Spaziergang, auf freiem Feld, im Wald

b) Im Haus; im (eigenen) Zimmer des Kindes, im Zimmer eines Geschwisters, im Wohnzimmer, in der Küche, im Badezimmer, im Flur, auf der Treppe, im Keller, im Auto

4. Unter welchen Bedingungen?

a) Wenn das Kind allein ist, wenn die Mutter, der Vater, der Bruder, die Schwester, ein(e) andere(r) Gleichaltrige(r) ein bekannter, ein fremder Erwachsener anwesend sind

b) Ohne erkennbaren Grund, bei Frustration (nicht Erfüllen eines Wunsches, nicht Gelingen einer Handlung etc.) bei einer bestimmten Verrichtung des Tageslaufs

c) Zu einer bestimmten Tageszeit (nach dem Erwachen, Aufstehen, am Vormittag, Mittag, Nachmittag, Abend, nachts)

d) Bei Übermüdung, nach Überanstrengung,

e) Bei Menschenansammlung (Jahrmarkt, Kirmes etc.)

5. Was bewirken Handlungen und Reaktionen der Kontaktpersonen?

a) Steigernd wirken: Vorhaltungen Schimpfen, Hauen, Überreden zur Ruhe, Auslachen, nicht Beachten, Abwenden, den – Raum Verlassen

b) Beruhigend wirken: Gut Zureden, Streicheln, Erklären der Situation, Festhalten, etwas Versprechen, nicht Beachten, den Raum Verlassen, etwas zu essen, zu trinken geben, Musik, auslachen, schimpfen

c) Bestimmte Medikamente: Welche?

Wenn durch eine solche Verhaltensanalyse die Art der Aggressionen und die Bedingungen ihres Auftretens erfaßt sind, kann ein Behandlungsprogramm konzipiert werden. Man wird sich also überlegen, welche Bedingungen Aggression auslösen, welche sie evtl. verstärken (im Sinne des Belohnens), welche sich als Strafe eignen, ob sie vielleicht von einem Modell (der Bruder, ein anderes Kind?) abhängen. Grundsätzlich kann gesagt werden, daß die Tendenz, aggressiv zu handeln zwar bei jedem Menschen vorhanden ist, daß die jeweilige spezielle aggressive Handlung aber fast immer gelernt ist.

Hat man die Bedingungen analysiert, so geht es darum, die Situation zu verändern, d.h. alles, was sich als negativ erwiesen hat, abzustellen und als positiv erkannte Zustände nach Möglichkeit herbeizuführen. Es kann sich z.B. herausstellen, daß gerade negative Zuwendung wie Schimpfen aggressives Verhalten verstärkt.

Wenn man Aggressivität einschränken will, geht es prinzipiell um den Versuch, die sozialen Gegebenheiten zu verändern, denn aggressives Handeln richtet sich – von der später zu besprechenden Autoaggression abgesehen – immer gegen andere Personen, passiert also im sozialen Umfeld. Partner oder sonstige Anwesende werden attackiert oder sie dienen zumindest als Zuschauer. Eine viel empfohlene Maßnahme ist das sog. time out: der Aggressive wird in einen anderen, möglichst leeren Raum gebracht; als time out gilt aber auch, wenn er überhaupt allein gelassen wird. Das sollte höchstens eine Viertelstunde dauern. Selbstverständlich ist es zweckmäßig, Gegenstände, die zum Schlagen oder Werfen, also als Waffen dienen könnten, aus der Nähe des Aggressiven zu entfernen.

Wichtig ist es noch, wenn man sich entschließt, die Maßnahme des time out zu praktizieren, daß diese neue Situation keine Angst erzeugt. Bei sehr ängstlichen Kindern wird man die Isolierung gar nicht anwenden können. Jedenfalls darf der Raum, in den das Kind gebracht wird keinesfalls dunkel (im Keller etc.) oder ganz unbekannt sein. Denn Angst erzeugt häufig gerade Unruhe und Wut. Sobald das Kind ein bis zwei Minuten ruhig ist, muß dieses Verhalten intensiv verstärkt werden. Die Mutter oder Betreuerin muß ein freundliches Gesicht machen, ruhig sprechen und liebevoll sein. Sie sollte nach Möglichkeit eine planvolle Beschäftigung beginnen. Es kommen aber auch materielle Verstärker oder ein Token-System in Frage.

Für Aggressionen gilt, ebenso wie für das In-den-Griff-Bekommen von Unruhe: wer etwas Sinnvolles verrichtet, z.B. am Tisch sitzt und zeichnet oder auch nur ißt oder trinkt, kann nicht so leicht aggressiv sein. Man muß also versuchen, eine mit Aggressivität inkompatible Handlung herbeizuführen. Das wird nicht immer leicht sein, denn z.B. beim Trinken kann man den Becher wegschleudern. Das wird aber eher unterlassen, wenn das Getränk gut schmeckt oder besonders beliebt ist.

Wer das Kind oder die oder den Jugendlichen gut kennt, hat sicher schon beobachtet, wie Aggressions-Attacken beginnen, was ihnen vorausgeht. Am günstigsten ist es, wenn man bereits in diesem Stadium anfängt, Aggressionsauslöser zu vermeiden, eine positive Situation herbei zu führen und eine erfreuliche Beschäftigung einzuleiten.

Bei Attacken gegen andere Personen gilt es festzustellen, welche Erfahrungen der Aggressor früher gemacht hat: Ist es ihm häufig gelungen, seinen Gegner niederzuschlagen, was sich zweifellos als verstärkend auswirkt. Wer das Umgekehrte erlebt hat, wird viel weniger dazu neigen, andere Personen anzugreifen. Das kann natürlich nicht heißen, daß man einen kräftiger Gegner sucht, der den Aggressiven niederschlägt: Aber über den Weg der Kognition, d.h. durch sachliche Auseinandersetzung über die Folgen einer Aggression – Drohen ist allerdings eine ganz ungeeignete erzieherische Maßnahme – kann man vielleicht etwas erreichen.

Da Frustrationen der verschiedensten Art ein besonders wichtiger Auslöser für aggressives Verhalten sind, gelingt es eventuell, sie zu vermeiden, wenn man die frustrierenden Umstände eruiert und sie mit der oder dem Retardierten gesondert übt. Gelingt z.B. ein besonders gern ausgeführtes Geschicklichkeitsspiel öfter nicht zur Zufriedenheit und löst eine aggressive Attacke aus, so wird man das solange in kleinen Schritten üben, bis der Erfolg da ist. Das gleiche gilt für alle möglichen Verrichtungen des täglichen Lebens, an die sich evtl. Aggressivität anschließt.

Bei all diesen empfohlenen Maßnahmen muß man ganz systematisch und konsequent vorgehen und zweifellos viel Geduld aufbringen. Aggressivität, die über längere Zeit besteht, ist, weil sie ja eine bei Jedermann bereitliegende Verhaltensweise ist, stark im menschlichen Verhaltensrepertoire verankert und kann deswegen dem Versuch, sie abzubauen, lange widerstehen..

Ein schwieriges Problem beim Angehen von Verhaltensexzessen ist die Frage, soll man bestrafen und wenn ja, wie soll die Bestrafung aussehen. Im Grunde ist jeder Entzug von Verstärkern eine Bestrafung; das gilt z.B. auch für eine vorübergehende Isolierung. Besonders wichtig ist es, daß jede als Bestrafung aufzufassende Maßnahme der unerwünschten Handlung sofort folgt. Deswegen sind z.B. fast alle bei Delinquenten angewandten Strafen wie Inhaftierung etc. vom lerntheoretischen Gesichtspunkt mehr oder weniger unwirksam. Der Erfolg, etwa bei einem Diebstahl der Besitz des gestohlenen Gutes, hat sich längst verstärkend ausgewirkt. Körperliche Züchtigung bei Aggressiven ist als Strafmaßnahme ungeeignet; sie würde höchstens vorübergehend dazu führen, daß bestimmte Situationen vermieden werden.

Wirkliche negative Verstärker vom lerntheoretischen Standpunkt, die man ohne Bedenken anwenden kann, also Bestrafung, sind ein scharfes „Nein“, ein böses Gesicht oder ein ganz kurzes Ausschimpfen, denen sofort eine neutrale Stimmung folgt. Alle anderen hier in Frage kommenden „Strafen“ bestehen im Entzug von Verstärkung, die man, wie beschrieben, auf verschiedenste Weise in die Tat umsetzen kann.

Aggressivität ist, wie gesagt, manchmal recht therapieresistent. Um doch etwas zu erreichen, muß man ganz systematisch und konsequent vorgehen. Man braucht viel Geduld und „langen Atem“. Bei einer solchen Therapie ist es besonders wichtig, daß man Behandlungsprotokolle anfertigt und sich durch base lines immer wieder über Erfolg oder Mißerfolg Klarheit schafft. Ist die Behandlung an einem bestimmten Punkt unbefriedigend verlaufen, muß das Programm geändert werden.

Selbstbeschädigung

Selbstbeschädigung (Autoaggression) kommt im Gegensatz zur Fremdaggression ziemlich selten vor. Unter normalen Umständen wird sich ein Mensch – und auch ein Tier – kaum selbst Schmerz zufügen. Dennoch gibt es unter bestimmten Bedingungen Verhaltensweisen, die sich gegen den eigenen Körper richten; das sind Zorn, Wut und Frustration. Gelegentlich kommt Selbstbeschädigung, die den Schmerz in Kauf nimmt, auch als Zweckhandlung mit einem bestimmten Ziel vor. So kennen z.B. die Hautärzte Patientinnen, die sich selbst Wunden beibringen, um einer besonders unangenehmen Situation, evtl. an einem unerfreulichen Arbeitsplatz, zu entgehen. Gelegentlich hat man beobachtet, daß sich Soldaten im Krieg selbst Schußwunden beibrachten, um von der Front ins Lazarett und in die Heimat zu gelangen.

Auch in der normalen Entwicklung von Kleinkindern in der Zeit des sog. Trotzalters, den Trotzphasen im 3. und 4. Lebensjahr neigen die Kinder manchmal dazu, sich selbst gegen den Kopf zu hauen oder mit dem Kopf gegen harte Gegenstände zu schlagen, manchmal auch sich zu beißen. Sie tun das aber nur, wenn sie sehr wütend sind und hören bald auf, wenn es ihnen richtig weh tut. Diese autoaggressiven Handlungen sind etwas harmloses und vergehen nach einiger Zeit ohne eingreifende erzieherische Maßnahmen.

Bei geistig behinderten Kindern und Jugendlichen, vor allem bei solchen mit autistischen Verhaltensweisen, findet man öfter Autoaggressionen der verschiedensten Art, Diese sind manchmal sehr störend und z.T. bedrohlich für die Betroffenen, aber auch für die Betreuer. Denn diese Behinderten fügen sich nicht selten schwere Wunden zu und können sich sogar so stark verletzen, daß sie sich blind schlagen oder sogar zum Tode führende Verletzungen beibringen. In solchen Fällen bleibt manchmal nichts übrig, als diese Retardierten anzubinden oder das Verletzen auf andere Weise physikalisch zu verhindern. Das sollte natürlich keine Lösung auf Dauer sein. Deswegen muß man unbedingt versuchen, Autoaggression therapeutisch anzugehen und zwar am besten durch eine Kombination von Verhaltenstherapie mit gezielt eingesetzten Medikamenten.

Am Anfang einer solchen Verhaltensmodifikation muß eine entsprechende Analyse stehen:

1. Art der Autoaggression.

   Schlagen, treten, beißen, kratzen, kneifen, reiben, drükken, quetschen, überstrecken, stechen, klemmen

2. Ort der Autoaggression am Körper.

   Kopf, Auge, Ohr, Mund, Lippen, Zunge, Unterkiefer, Hals, Arm, Hand, Finger, Bein, Fuß, Oberkörper, Bauch, Gesäß, Geschlechtsorgan, After

3. Womit beschädigt man sich?

Mit der Hand, der Faust, dem Ellenbogen, dem Kopf, dem Fuß

4. Wird ein Gegenstand zu Hilfe genommen?
   Ein Stock, ein ähnliches Werkzeug, ein Messer, eine Schere, ein spitzer Gegenstand, ein Möbelstück, die Tür

5. Wo passiert die Autoaggression?

   Im eigenen Zimmer, im Bett, im Wohnzimmer, in der Küche, im Badezimmer, im Flur, auf der Treppe, im Auto, im (Schul)bus). im Kindergarten, in der Schule, auf dem Pausenplatz, auf der Straße, im Garten, beim Spaziergang, im Supermarkt, im Restaurant

6. Unter welchen sozialen Bedingungen?

   Allein, in Gegenwart der Mutter, des Vaters, eines Geschwisters, der Großmutter, des Großvaters, der Tante, des Onkels. eines anderen (bekannten, fremden) Kindes, mehrerer Kinder, eines (bekannten, fremden) Erwachsenen, mehrerer Erwachsener, in Gegenwart der Erzieherin, der(s) Lehrerin(s), Betreuer(in)

7. Wann passiert die Autoaggression?

   In der Nacht, morgens, nach dem Erwachen, am Vormittag, am Mittag, am Nachmittag, abends, einmal, ____ x am Tag; das autoaggressive Verhalten dauert (jeweils) ______ Minuten oder ______ Stunden, man kann gleichzeitig Kopfschmerzen oder bestimmte Befindensstörungen vermuten

Bei einer solchen Liste der zu beobachtenden Verhaltensweisen können sich selbstverständlich mehrere Auffälligkeiten gleichzeitig ereignen. Man muß sich nun überlegen, welche Tatbestände als Auslöser in Frage kommen, welche möglicherweise positiv verstärkend und welche eventuell als negative

Verstärker, also als Strafe wirken. Es können aber auch innere Reize, etwa Kopfschmerzen oder Befindensstörungen eine Rolle spielen, über die der oder die Betroffene meist keine Auskunft geben kann.

Wenn sich jemand selbst verletzt, wird er dabei wahrscheinlich Schmerz empfinden. Von vielen Autisten weiß man aber, daß ihr Schmerzempfinden allgemein herabgesetzt ist. Ihnen tut das Schlagen oder Beißen nicht oder weniger weh. So kann es sein, daß die Autoaggression für sie sogar lustvoll, wie andere bei ihnen vorkommende Selbststimulationen ist. Das Problem wird dadurch kompliziert, daß das Schmerzempfinden stark von der allgemeinen psychischen Verfassung abhängt. Unter starker Anspannung empfindet der Soldat eventuell den Schmerz durch eine Schußverletzung zunächst kaum und erst in einer späteren Ruhephase merkt der Verletzte, daß er Schmerzen hat. Jedenfalls ist auch von Bedeutung, auf welche Weise ein Schmerz zustande kommt.

Bei ganz schwer autoaggressiven Patienten, vorwiegend Autisten und solchen mit dem sog. Lesch-Nyhan-Syndrom, hat man mit Erfolg negative Verstärker in Form von elektrischen Schmerzreizen angewandt. Ich habe solche Kinder gesehen, die sich nicht mehr schlugen, was sie vorher exzessiv getan hatten, wenn sie mit einem Kabel an einen Apparat angeschlossen waren, durch den sie Schmerzreize bekommen hatten, auch wenn diese z.Zt. nicht gegeben wurden. Sobald man die Elektrode abnahm, begannen sie sich wieder heftig zu schlagen. Der Einsatz eines negativen Verstärkers (Bestrafung) durch Schmerzreize ist also als letzter Ausweg nicht ganz von der Hand zu weisen. Diese Maßnahme sollte allerdings nur vorübergehend benutzt und so bald wie möglich durch etwas anderes ersetzt werden.

Eine weitere, manchmal zunächst nicht zu umgehende Maßnahme ist das Verhindern der Autoaggression durch Fixieren. Ich kannte ein schwer autoaggressives Mädchen, welches verlangte, daß man ihre Hände festhielt oder unter dem Gürtel in die Hose steckte. Sobald man die Hände herausnahm oder sie selbst das tat, um sie irgendwie zu gebrauchen, begann sie sich heftig gegen den Kopf zu schlagen. Andere Möglichkeiten zur Verhinderung von Selbstbeschädigungen sind feste Armröhren oder ein Helm. Alle diese Vorkehrungen muten den Betrachter bestrafend oder unmenschlich an. Sie sind aus der Sicht der Autoaggressiven selbst fast immer erwünscht und natürlich auch für die Betreuer eine große Erleichterung. Auch diese Fixierungen müssen auf die Dauer durch andere Therapiemaßnahmen ersetzt werden.

Ist nach der oben aufgestellten Liste eine base line erstellt worden, so ist zu überlegen, welche äußeren Reize die Selbstbeschädigung am häufigsten und stärksten auslösen und auch aufrechterhalten. Sie werden also wahrscheinlich verstärkende Wirkung haben. Diese Reize müssen also so gut wie möglich vermieden werden Das gilt z.B. für bestimmte allgemeine Situationen wie Lärm, Menschenansammlungen, die Anwesenheit bestimmter Personen etc. Es kann sein, daß tröstende Zuwendung Selbstverletzung noch verstärkt. Andererseits gibt es Kinder, die am stärksten autoaggressiv sind, wenn man sie allein läßt. Hierfür existiert keine eindeutige Regel; man ist also auf die eigene Beobachtung angewiesen.

Aus verhaltenstherapeutischer Sicht sind grundsätzlich 3 Maßnahmen zweckmäßig: 1. Löschung von unerwünschtem (selbstverletzenden) Verhalten durch Entfernung der Umweltbedingungen, die das Verhalten verstärken; 2. Aufbau inkompatibler (nicht zu vereinbarender) Verhaltensweisen durch Verstärkung positiver Aktivitäten in kleinen Schritten, schließlich durch ein voll strukturiertes ganztägiges Programm; 3. Unterdrückung der Autoaggressionen durch sozialen Entzug. Entfernung auslösender Gegenstände, time out, elektrische Schmerzreize.

Jede Art von Behandlung schwerer Autoaggressionen ist schwierig. Es ist deswegen viel Geduld und auch Phantasie erforderlich, um das völlige Ausbleiben von Selbstverletzungen oder wenigstens eine Besserung zu erzielen. Man wird öfters erst nach mehreren Versuchen und Änderungen des Programms zum Ziel kommen. Wie bereits gesagt, ist eine Kombination von Verhaltenstherapie mit Gaben von Medikamenten der richtige Weg. Es gibt mehrere pharmakologische Möglichkeiten: Einmal Ruhigstellung durch Psychopharmaka und dann die Behandlung mit Morphinantagonisten. Letztere sollen bewirken, daß der Patient mehr Schmerz empfindet, wenn er sich selbst verletzt.

Allgemeine Empfehlungen

Wie aus den bisherigen Kapiteln zu ersehen war, bemüht sich die lerntheoretisch begründete Verhaltenstherapie um möglichst exaktes und übersichtliches Vorgehen. Bei den Verhaltensanalysen soll nur genau beobachtet und es sollen zunächst keine Schlüsse gezogen oder Interpretationen gegeben werden. Für die Beobachtungen können selbstverständlich technische Hilfsmittel wie Photoapparate und Videorekorder benutzt werden. Das Gleiche gilt für elektronische Vorrichtungen wie Computer und Zählgeräte.

Eine effektive Verhaltenstherapie läßt sich ohne Dokumentation nicht durchführen. Da manche der vorgeschlagenen Maßnahmen recht einfach sind und wohl öfters banal klingen, wird vielfach argumentiert, das alles tue man ja bereits, habe aber wenig Erfolg erzielt. Deswegen muß ausdrücklich gesagt werden: Verhaltenstherapie kann nur zum Ziel führen, wenn die eingangs beschriebenen Regeln befolgt werden. Diese sollen noch einmal übersichtlich formuliert werden:

1. Keine Therapie ohne exakte Beobachtung des Verhaltens
2. Aufstellung einer base line vor jeder Therapie
3. Ständige schriftliche Dokumentation jeden beobachteten Verhaltens und der Behandlungsschritte
4. Erarbeiten eines Behandlungsprogramms nach der Verhaltensanalyse
5. Ganz systematisches Vorgehen bei der Therapie
6. Wiederholung der base line nach einigen Wochen, Fortsetzung des Programms bei Erfolg, Änderung desselben bei ungenügenden Fortschritten

7. Schaffen einer ruhigen reizarmen Atmosphäre für die Therapie
8. Ruhiges, freundliches Verhalten des Therapeuten oder Kotherapeuten gegenüber dem zu Behandelnden
9. Deutliches, gut artikuliertes Sprechen mit einem einfachen Wortschatz
10. Zeigen, was getan werden soll, evtl. Vormachen und Handführen
11. Jede einzelne Übung sollte zu einem, wenn auch unbedeutenden Erfolg führen und nur dann beendet werden
12. Alle übenden Verfahren sollten zunächst nur ganz kurz (wenige Minuten) dauern und allmählich verlängert werden
13. Die Übungen sollten zunächst immer zur gleichen Zeit und am gleichen Ort stattfinden und, wenn sie eine Weile erfolgreich gewesen sind, auf einen anderen Ort und in eine andere Zeit übertragen werden (Generalisation)
14. Vermeiden von Übermüdung und Überforderung sowie von Störungen durch Reize von außen

Bei der Besprechung des Einsatzes von Verstärkern (S. 21) wurde die Bedeutung der behandelnden Person als verstärkendes Element bei der Verhaltenstherapie hervorgehoben. Im modernen Kommunikationswesen ist neben den menschlichen Partner in immer stärkerem Maße der Computer getreten. Für Kinder, aber auch für Erwachsene ist es ein positives Erlebnis, wenn auf dem Monitor selbsterzeugte Bilder und Texte erscheinen. Wenn Kinder sich stundenlang mit Computerspielen beschäftigen, so kommt das in erster Linie durch ihre Erfolgserlebnisse beim Aufbau der Bilder und bei der Lösung von Spielaufgaben als Selbstverstärkung zustande. Das gilt auch für retardierte Jugendliche, wenn sie nicht allzu stark behindert sind. Auch einem weniger intelligenten Menschen macht es Spaß, wenn auf der Mattscheibe Bilder und Schrift erscheinen, die er selbst durch Tastendruck erzeugt hat. In einer Studie zur verhaltenstherapeutischen Behandlung von Alzheimer-Patienten (Marc Hofmann, 1995) würde der Computer direkt als Kotherapeut bezeichnet.

Kürzlich wurde festgestellt, daß Menschen mit geistiger Behinderung sich ausgesprochen gern am Computer betätigen. Sie lernen rasch. mit der einfachen Technik umzugehen und bringen es bald dazu, leichte Texte, nach einiger Übung auch Berichte und sonstige eigene schriftliche Produktionen anzufertigen. Der Computer eignet sich also dazu, in ein verhaltenstherapeutisches Programm eingebaut zu werden. Das läßt sich in erster Linie zum Sprachaufbau, aber auch zur intellektuellen Förderung und evtl. zum Einüben konzentrierter Arbeitshaltung benutzen.

Bei der Beschreibung der Verhaltensanalyse und der Behandlungsschritte wurde alles deswegen sehr detailliert aufgeführt, weil diese Listen als Vorlagen für die Dokumentation gedacht sind. Der Text wurde auf den praktischen Gebrauch abgestellt, so daß auch die Kotherapeuten als Laien verstehen, was sie beobachten sollen und wie sie ihre Behandlungsschritte am einfachsten dokumentieren können.

Die verschiedenen beschriebenen verhaltenstherapeutischen Maßnahmen sind alle gut einzusehen und verständlich. Irgendwelche Elemente daraus lassen sich bei jedem in der Entwicklung zurückgebliebenen Kind und bei jedem geistig Behinderten unabhängig von seinem Alter und der Ausprägung seiner Behinderung gebrauchen. Sie erfordern große Sorgfalt bei ihrer Anwendung sowie Geduld und Phantasie.

Tiefenpsychologische und verhaltenstherapeutische Psychotherapie

Die gründliche Analyse, die bei der V.T. am Anfang stehen muß, unterscheidet sich von der auf Freud zurückgehende analytische Psychotherapie insofern, als zwar durchaus nach Gründen für krankhaftes oder unerwünschtes Verhalten gefragt wird, daß aber jegliche deutende und evtl spekulative Interpretationen unterbleiben. Alle durch die Analyse gefundenen Begründungen für ein Verhalten oder für seine mangelnde Entwicklung werden nur akzeptiert, wenn sie aus den Umständen der individuellen Lebensgeschichte und aus bestimmten Situationen und Konstellationen nachvollziehbar sind. Der Schwerpunkt der Therapie liegt im Neulernen, Umlernen und Verlernen. Wenn man auf diese Weise spekulative Erklärungen vermeidet, kommen Schuldzuweisungen – z.B. an die Mütter – und moralische Urteile kaum vor.

Ein anderer Vorteil der Verhaltenstherapie gegenüber tiefenpsychologischen Verfahren ist die Dauer der jeweils angewandten Maßnahmen. Durch das genaue Protokollieren und das Einschieben von base lines stellt man nach Wochen, längstens Monaten fest, ob Erfolge erzielt wurden und ob man mit den begonnenen Maßnahmen weitermachen oder das Programm ändern soll. Bei der analytischen Psychotherapie wird oft jahrelang in der gleichen Weise fortgefahren. Daraus resultieren auch finanzielle Ersparnisse bei der V.T.

Verwendete und zu empfehlende Literatur

1. **Aster, M. von**: Entwicklungsstörungen und Intelligenzminderungen. In: **M. Linden & M. Hautzinger** (Hrsg): Verhaltenstherapie, 415-421, Springer Verlag, Berlin etc. 1994

2. **Baker, Bruce L. & A. J. Brightman:** Steps to Independence, Paul H. Brookes, Baltimore etc. 1989

3. **Bernard-Opitz, Vera, G. Blech & K. Holz:** Sprachlos muß keiner bleiben. Handzeichen und andere Kommunikationshilfen für autistisch und geistig Behonderte. Lambertus Verlag, Freiburg 1988

4. **Foxx, R.M. & N.H. Azrin:** Restitution: A Method of Eliminating Aggressive-Disruptive Behaviors of Retarded and Brain Damaged Patients. Behavior Res. & Therapy 10, 15 – 27 (1972)

5. **Foxx, R.M. & H.H. Azrin:** The Elimination of Autistic Self- Stimulatory Behavior by Overcorrection. J. Applied Behavior Analysis 6, 1 – 14 (1973)

6. **Hartmann, H., R. Krane & B. Becker:** Toilettentraining und apparative Enuresis-Therapie. Diskussion und Vorstellung eines neuen Gerätes. Z. Kinder- Jugendpsychiat. 9, 139-151 (1981)

7. **Hofmann, Marc, C. Hock, A. Kühler und F. Müller-Spahn:** Computergestütztes individualisiertes Gedächnistraining bei Alzheimer-Patienten. Nervenarzt 6, 703-707 (1995)

8. **Kehrer, H.E.:** Autismus, diagnostische, therapeutische und soziale Aspekte, Asanger Verlag, Heidelberg [5]1995

9. **Kehrer, H.E.:** Geistige Behinderung und Autismus, Trias Verlag, Stuttgart 1995

10. **Köhnen, Monika:** Freiarbeit macht Spaß, Hinführungsmöglichkeiten / Materialien / Anregungen (Übungsreihen für Geistigbehinderte, Lehrgang H, Heft 2) verlag modernes lernen, Dortmund 1997

11. **Matson, J.L. & J.R. McCartney** (Edts.): Handbook of Behavior Modification with the Mentally Retarded. Plenum Press, New York & London 1981

12. **Mertens, Krista:** Lernprogramm zur Wahrnehmungsförderung, verlag modernes lernen, Dortmund 1983

13. **Mertens, Krista (Hrsg.):** Aktivierungs-Programme für Senioren. verlag modernes lernen, Dortmund 1997

14. **Perovic-Kniesel, Gudrun:** Freiräume. Musikalischer Umgang mit Schwerstbehinderten. verlag moderens lernen, Dortmund 1997

15. **Petermann, Paul & Ulrike Petermann:** Training mit aggressiven Kindern, Beltz Verlag, Weinheim 1994

16. **Raeggel, Mechthild & Christa Sackmann:** Freiarbeit mit Geistigbehinderten! Geht das denn überhaupt? verlag modernes lernen, Dortmund 1997

17. **Ross, Alan, O:** Child Behavior Therapy, Robert E. Krieger, Malabar, Florida 1987

18. **Speck, Otto:** Menschen mit geistiger Behinderung und ihre Erziehung, Ernst Reinhardt Verlag, München [7]1993

19. **Stegat, H.:** Enuresis, Springer Verlag, Berlin etc. 1974

Stichwortverzeichnis

S

T

U

V

W

Z

Raum für Notizen: